D1700844

Merci à Lucie pour sa participation aux photos pages 51 et 53, ainsi qu'à Hélie, Jason, Océane, Odin et Ombeline pour leurs sourires et leurs dessins de la page 91.

Direction éditoriale : Christophe Savouré
Édition : Christine Hooghe assistée d'Adélaïde de Sade
Direction artistique : Studio Fleurus
Conception graphique : Claude Poirier
Photographies : Olivier d'Huissier

Auteurs :

Muriel Damasio pour les pages 24, 25, 46, 47, 54-57, 92-95, 110-113.

Vanessa Lebailly pour les pages 14, 15, 16, 17, 62, 63, 66-71, 78, 79, 100, 101.

Alda pour les pages 18, 19, 20, 21, 26, 27, 30, 31, 36-41, 72, 73, 90, 91, 96-99, 104, 105.

Denis Cauquetoux pour les pages 22, 23, 28, 29, 32, 33, 42-45, 48-53, 58, 59, 64, 65, 74-77, 80-87, 102, 103, 106-109, 114, 115.

Illustrations :

Christophe Boncens pour les pages 8, 9, 10, 14, 16, 18, 20, 26, 30, 36, 38, 40, 62, 66, 68, 70, 72, 78, 90, 96, 98, 100, 104.

Denis Cauquetoux pour les pages 8, 9, 22, 28, 32, 42, 44, 48, 50, 52, 58, 64, 74, 76, 80, 82, 84, 86, 102, 106, 108, 114.

Muriel Damasio pour les pages 11, 24, 46, 54, 56, 92, 94, 110, 112.

L'ensemble des réalisations est extrait des livres
Papier, Papier mâché, Papier crépon, Rouleaux et carton et *Bricolo-récup'*
de la collection *Les Petits Créateurs*.

Fabrication : Anne Floutier
Photogravure : Alliage
Imprimé en Espagne par Estella
ISBN : 978 2-215-09508 8
1re édition - n°94001

© Groupe Fleurus, mai 2008
15/27, rue Moussorgski, 75018 Paris
Dépôt légal : mai 2008

Loi n°49-956 du 16 juillet 1949 sur les publications destinées à la jeunesse.

Les petits créateurs bricolent

FLEURUS
editionsfleurus.com

Sommaire

Les secrets pour tout réussir   8

Animaux en folie !
Animaux coureurs	14
Moutons frisés	16
Dino-parc	18
Jolies cocottes	20
Souris et lapins	22
Abeilles et papillons	24
Poule pondeuse	26
Poissons volants	28
Gentille chenille	30
Dragon de feu	32

C'est la fête !
Cartes en fête	36
Monstro-fête	38
Guirlandes en fête	42
Comme des lampions !	44
En avant la musique !	46
Jolies fleurs	48
Les clowns	50
Oh les chapeaux !	54
Masque de martien	56
Colliers colorés	58

À vos marques, prêts... jouez !

Chamboule-chats	62
Jeux d'adresse	64
Bilboquets gourmands	66
Jeu des plongeurs	68
Folles marionnettes	72
Au théâtre	74
Rois à ressort	78
Poupées de papier	80
Mille et une nuits	82
Petit train	86

Ma déco rigolote !

Cadres pas bêtes	90
Cadres animaliers	92
Serpent à CD	94
Pince-mots	96
Mini-carnets	98
Drôles de trousses	100
Crayons fleuris	102
Pots à crayons	104
Tirelires rigolotes	106
Boîtes-fleurs	108
Voitures à secrets	110
Bolides cintrés	112
Ronds de serviette	114

Patrons 116

Les secrets pour tout réussir

Le matériel

Les cartons

Récupère les rouleaux de papier-toilette, d'essuie-tout, de scotch de peintre et les tubes de papier d'aluminium ou de film alimentaire. Garde les cartons d'emballage, de paquets de céréales, les boîtes d'œufs et de fromage.

Certaines réalisations sont faites avec du carton ondulé. Un de ses côtés possède des cannelures. Reporte toujours les patrons sur le côté lisse (le dos).

Les papiers

Choisis plutôt du papier un peu épais avec de belles couleurs. Tu peux y associer du papier d'aluminium, du papier de soie ou du papier vitrail. Tu auras aussi besoin de papier journal pour les réalisations en papier mâché.

Procure-toi également du papier crépon. C'est un papier à la fois souple et solide que tu peux tordre, plier ou rouler. Il se présente sous forme de rouleaux.

Autre matériel

Chenille, yeux mobiles, gommettes, perles en bois ou de rocaille, bâtonnets, pinces à linge, bouchons en liège, boule de cotillon, polystyrène... avec quelques accessoires en plus, fabrique plein d'objets rigolos !

Les techniques

Comment reporter un patron

Tu trouveras les patrons à la fin du livre. Par transparence, reporte-les sur du papier-calque ou du papier blanc très fin. Découpe-les.

Sur les supports plats, maintiens le patron avec une main et trace son contour de l'autre.

Autour des rouleaux, enroule le patron, ajuste-le bien et scotche-le.

Pour découper

Utilise des ciseaux normaux ou des ciseaux fantaisie.

Pour franger, découpe des entailles très fines dans une bande de papier ou de papier crépon en t'arrêtant à 1 cm du bord.

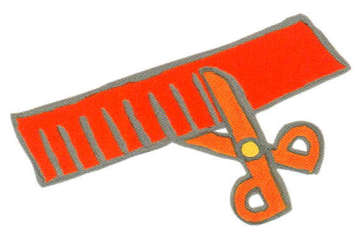

Pour les rouleaux, découpe en biais jusqu'à la ligne, puis suis-la. Pour les tubes plus rigides, demande à un adulte d'utiliser un cutter.

Ribambelle

Plie plusieurs fois une bande de papier crépon de la largeur du patron. Découpe toutes les épaisseurs sans découper les parties en pointillés. Déplie la bande.

Les secrets pour tout réussir

Pour dessiner des beaux ronds

Trace le contour d'une assiette, d'un bol, d'un verre, d'une pièce… tu obtiens des ronds de toutes les tailles. Pour les tout petits ronds de papier, utilise une perforatrice.

La peinture

Protège le plan de travail avec un journal. Choisis de la peinture acrylique, plus couvrante que la gouache. Sers-toi d'une assiette en carton en guise de palette. Pour unifier les emballages, passe une première couche de peinture blanche avant les autres couleurs. Nettoie tes pinceaux à l'eau tiède et au savon.

Pour plier

Pose ta règle et maintiens-la à l'endroit où tu veux plier. Rabats le papier et appuie le long du pli.

Pour éviter qu'elles roulent, peins les perles et les boules de cotillon sur une brochette ou le manche d'un pinceau. Laisse-les sécher dans un verre.

Pour coller

La colle en bâton est idéale pour presque tous les collages de papier. Pour les grandes surfaces et le carton, utilise de la colle blanche (vinylique).

La recette du papier mâché

Le papier mâché, c'est facile !
Il suffit de superposer plusieurs couches de papier journal encollé sur la forme choisie (bol, ballon de baudruche…).
En séchant, le papier durcit.
Avec cette technique, tu pourras fabriquer plein d'objets !

Colle à papier mâché

- une tasse à café de colle à papier peint universelle
- eau
- une petite bassine
- un bâton

- Mesure et verse 6 tasses d'eau dans la bassine.

- Verse la colle doucement en brassant l'eau avec le bâton.

- Mélange bien puis laisse reposer selon le temps indiqué par le fabricant de la colle.

La colle peut se conserver plusieurs jours dans une boîte hermétique.

Comment procéder ?

Déchire des bandes de papier journal de 4 cm de large et de 10 cm de long environ. Trempe-les dans la colle.

Applique-les sur la forme choisie en les faisant se chevaucher. Lisse avec les doigts. Superpose plusieurs couches. Laisse bien sécher.

Astuce

Pour obtenir des bords nets, pose des petits morceaux de papier journal à cheval.

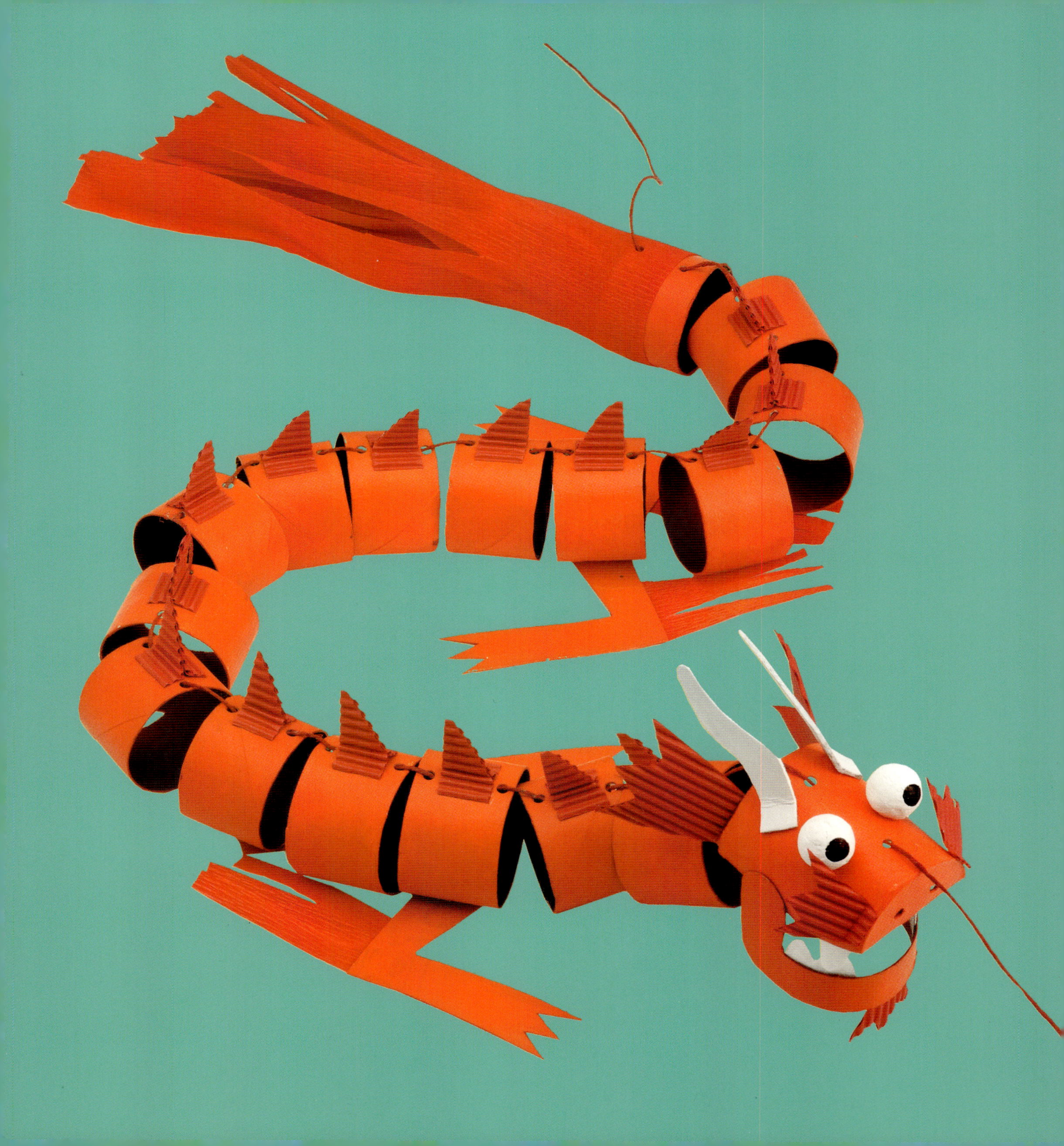

Animaux en folie !

Une course de lions, un élevage de dinosaures, un troupeau de moutons tout frisés, de jolies petites cocottes... ta chambre va devenir un véritable zoo ! Avec des emballages et quelques coups de ciseaux, tu peux créer une multitude d'animaux rigolos ! Voici de quoi occuper de nombreux après-midi à la maison ou entre copains !

Animaux coureurs

Matériel • petites boîtes en carton (céréales) • papier épais • papier de couleur • • carton • compas • cordelette • brochettes fines en bois • colle • ciseaux • petit bâton • • peinture • pinceaux • règle •

1 Referme la boîte et recolle-la. Si cela est nécessaire, bouche l'ouverture avec du papier épais.

2 Sur du carton, dessine les différentes parties de la tête d'un animal et sa queue. Trace des cercles : 4 de 5 cm et 4 de 2 cm de diamètre. Découpe tout.

3 Peins les éléments en carton, la boîte et le bâton. Laisse sécher. Avec l'aide d'un adulte, fais 4 petits trous dans la boîte et 1 trou dans chaque roue.

4 Assemble les roues avec des morceaux de brochettes encollés. Colle les petits ronds par-dessus en les enfonçant légèrement.

5 Colle la tête et la queue. Ajoute des moustaches en papier. Fais un trou à l'avant, puis glisse une cordelette encollée. Noue l'autre extrémité sur le bâton.

Enroule la cordelette le plus vite possible autour du bâton pour faire courir ton animal. À deux joueurs ou plus, on peut faire la course en marquant une ligne de départ.

Moutons frisés

Matériel • *polystyrène* • *sac en plastique* • *boules de cotillon de différentes tailles* • • *cure-dents* • *colle* • *chute de feutrine ou de papier de couleur* • *marqueur noir* • • *peinture* • *pinceaux* • *ciseaux* • *perles (facultatif)* •

1 Dans un sac en plastique, gratte un morceau de polystyrène pour lui donner la forme d'une boule.

2 Pour les pattes, encolle 4 cure-dents et pique-les dans 4 petites boules de cotillon. Encolle l'extrémité des pattes et enfonce-les dans le corps.

3 Peins les pattes, une boule de cotillon pour la tête et un grain de polystyrène pour le nez. Laisse sécher.

4 Assemble la tête au corps avec un cure-dents encollé. Colle des petits morceaux de polystyrène pour la queue et les frisettes, puis le nez.

5 Colle 2 oreilles découpées dans de la feutrine ou du papier. Dessine des points noirs ou colle des perles pour les yeux.

Pour réaliser un bélier cornu, déforme 2 trombones gainés et plante-les dans la tête.

Dino-parc

Matériel • *carton ondulé à fines cannelures de différentes couleurs •*
• papier vitrail ou papier de couleur • crayon • ciseaux • colle • yeux mobiles •

Le décor

La mare : Découpe une forme bleue. Découpe des herbes. Replie-les en bas pour pouvoir les coller.

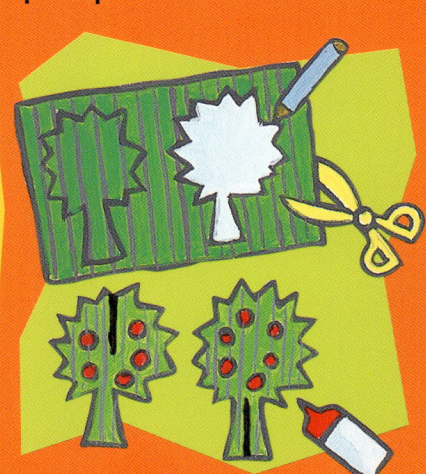

L'arbre : En t'aidant du patron, découpe les 2 parties, puis les fentes. Décore chaque partie, puis emboîte-les.

Les dinosaures

Les patrons se trouvent pages 118 et 119.

1 Au dos du carton, reporte 2 fois chaque patron en l'inversant. Pour le dinosaure aquatique, ne sépare pas les 2 parties. Découpe.

2 Dessine les crêtes sur du papier ou des taches sur du carton ondulé. Découpe-les.

3 Colle les 2 parties du corps en glissant la crête entre les deux. Colle les taches et les yeux. Écarte les pattes : le dinosaure tient debout.

Iguanodon, triceratops, tyrannosaure... Amuse-toi à créer d'autres dinosaures en modifiant la forme des patrons.

Jolies cocottes

Matériel • papier de différentes couleurs • papier crépon • crayon • ciseaux • règle • • colle • perforatrice •

Les patrons se trouvent page 120.

1
Sur du papier de couleur, reporte les patrons du devant, du dos et du fond de la boîte. Découpe-les.

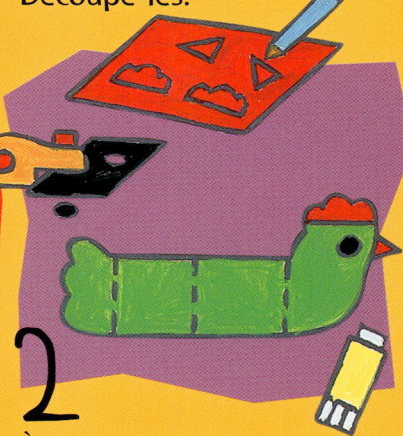

2
À l'aide du patron, découpe 2 fois la crête et le bec, puis les yeux à la perforatrice. Colle-les sur les 2 faces de la tête.

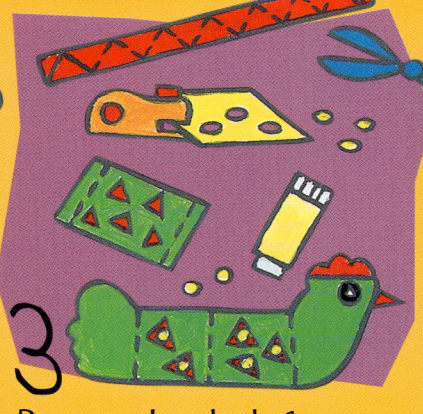

3
Dans une bande de 1 cm de large, découpe des triangles. Colle-les sur le devant et le dos. Ajoute des petits ronds et l'éclat des yeux.

4
En t'aidant des patrons, plie selon les pointillés. Colle les languettes du dos sur le devant.

5
Colle le fond de la boîte. Découpe des bandes fines de papier crépon pour tapisser le fond de la boîte.

💣 **Pour protéger les œufs,** tu peux remplacer les franges de crépon par de la paille de papier que l'on trouve dans les colis.

Souris et lapins

Matériel • *papier crépon de couleur* • *petites perles de rocaille* • *ciseaux* • • *crayon à papier* • *colle en bâton* • *colle universelle* •

Les patrons des oreilles se trouvent page 120.

1 Pour le corps, découpe une bande de 6 x 100 cm. Marque un repère à 4 cm à une extrémité et coupe la bande en biais à partir de ce repère.

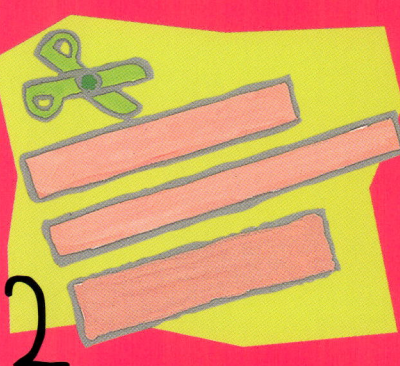

2 Découpe une bande de 3 x 20 cm pour le museau, une bande de 2 x 30 cm pour la queue de la souris et une de 3 x 20 cm pour celle du lapin.

3 Réalise un rouleau pour le museau. Frange la queue du lapin et forme un rouleau. Pour la queue de la souris, entortille la bande sur elle-même.

4 Dispose le museau et la queue de l'animal comme sur le dessin. Enroule la bande sur elle-même et colle-la.

5 Reporte les patrons des oreilles sur 2 épaisseurs de crépon et découpe-les. Colle les oreilles et ajoute les petites perles pour les yeux.

À l'aide d'une épingle à nourrice, transforme ton animal préféré en broche.

23

Abeilles et papillons

Matériel • *papier mâché (voir page 11)* • *carton souple* • *scotch* • *aluminium* •
• *fil de fer* • *papier de soie* • *peinture* • *pinceaux* • *feutre noir* • *colle* •

1 Pour chaque modèle, forme un rouleau de carton de la taille d'un doigt. Scotche-le et recouvre-le d'aluminium.

2 Enroule une grande bande de papier journal de 8 cm de large autour du rouleau. Écrase le haut. Recouvre la bande enroulée de papier mâché. Laisse sécher.

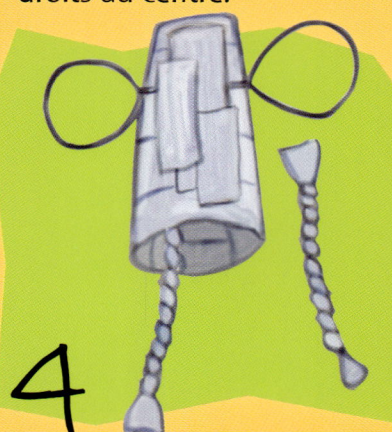

3 Pour les ailes, forme une boucle à chaque extrémité d'un fil de fer d'environ 20 cm en laissant 2 cm droits au centre.

4 Démoule le corps. Fixe les ailes avec des morceaux de papier mâché. Pour les jambes, vrille des bandes de papier mâché. Colle-les à l'intérieur. Laisse sécher.

5 Peins selon ta fantaisie en laissant sécher entre les couleurs. Dessine les détails au feutre. Recouvre les ailes de petits morceaux de papier de soie encollés.

Demande à un adulte de t'aider à couper le fil de fer. Transforme tes créations en magnets en collant un aimant au dos.

25

Poule pondeuse

Matériel • *carton ondulé de différentes couleurs* • *boîte de crèmes de gruyère* • *crayon* • *règle* • *ciseaux* • *colle* • *attache à tableau* • *agrafeuse* • *perforatrice* • *fil à scoubidou* •

1 Découpe une encoche de 2 cm sur chaque partie de la boîte. Colle une bande de carton autour du fond, puis une autre sur le couvercle sans recouvrir l'encoche.

2 Reporte le contour du couvercle sur l'envers du carton. Découpe et colle le rond sur la boîte.

3 Découpe des bandes de longueurs variables. Agrafe la première sur le couvercle en créant une languette d'arrêt. Colle les autres.

4 Colle une bande enroulée pour l'œil, puis le bec. Décore avec des pois découpés à la perforatrice.

5 Demande à un adulte de percer la boîte. Découpe 2 pattes. Attache-les avec du fil à scoubidou.

Finitions

Fixe une attache au dos. Remplis la boîte de bonbons. Emboîte les 2 parties en décalant les encoches. Accroche la boîte.

Tourne le dessus de la poule pour faire tomber des bonbons au creux de ta main !

27

Poissons volants

Matériel • papier crépon de couleur • papier fort • ciseaux • colle en bâton • • colle universelle • perforatrice • ficelle •

1 Plie une bande rouge de 50 x 40 cm en deux. Fais un repère à 12 cm du pli et trace une ligne comme sur le dessin. Découpe et colle la longueur pour former un tube.

2 Pour chaque face du poisson découpe : 12 ronds roses de 8 cm de diamètre, 11 ronds rouges et 1 rond blanc de 6 cm, 1 rond bleu de 4 cm et 1 petit rond rose.

3 Colle les rouges sur les roses, puis colle-les les uns sur les autres en commençant à 6 cm du bord. Finis par 2 demi-ronds. Ajoute les yeux et la narine. Réalise les 2 faces du poisson.

4 Pour la queue, découpe 2 bandes roses et 2 rouges de 15 x 18 cm. Frange-les. Colle-les en biais en commençant par les rouges.

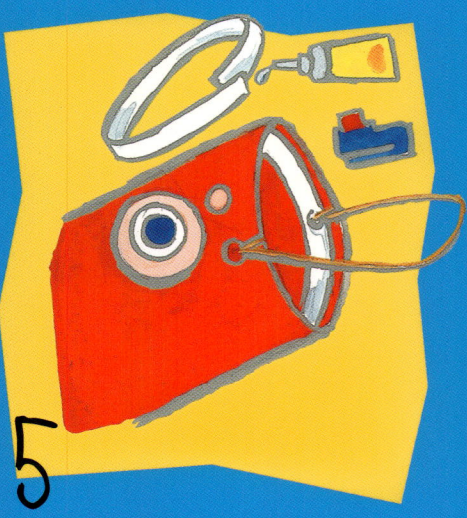

5 Découpe une bande de 2 x 40 cm de papier fort. Forme un cercle et colle-le dans la bouche du poisson. Replie les bords, perce 2 trous et noue une ficelle.

Installe ta manche à air à l'extérieur un jour de grand vent. Tu peux aussi t'en servir pour décorer ta chambre.

29

Gentille chenille

Matériel • *papier de différentes couleurs, dont 2 grandes feuilles de 50 x 65 cm •*
• crayon • règle • ciseaux • bol • colle •

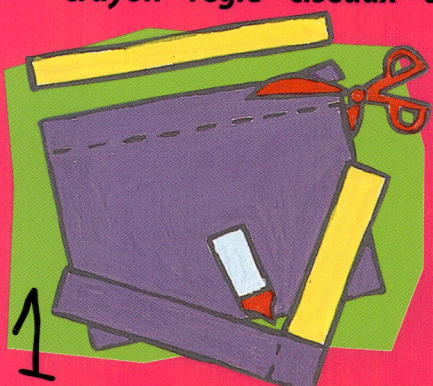

1 Découpe dans chaque grande feuille une longue bande de 6 cm de large. Colle les deux bandes en angle.

2 Replie les bandes l'une après l'autre plusieurs fois pour former une guirlande. Arrête-la par un point de colle. Fais 2 autres guirlandes.

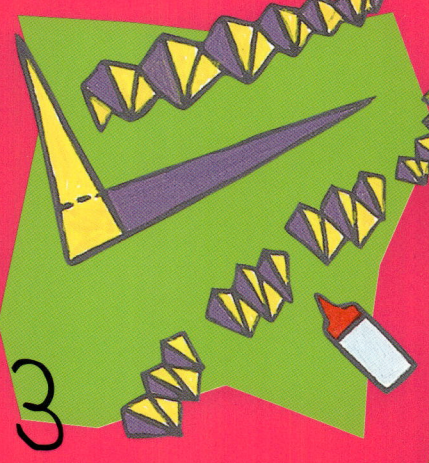

3 Réalise une guirlande avec 2 longs triangles de 20 cm de haut et 6 cm à la base. Colle toutes les guirlandes bout à bout.

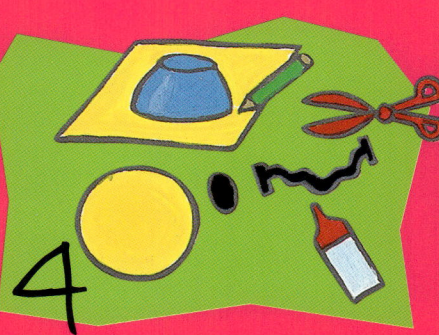

4 Dessine et découpe la tête. Colle les yeux, la bouche, les antennes.

5 Colle la tête au corps. Dessine et découpe une patte. Utilise-la comme patron pour en découper 7 autres. Découpe 8 pieds. Colle-les sur les pattes, puis les pattes au corps.

En t'inspirant de la chenille, es-tu prêt(e) à réaliser un mille-pattes ?

Dragon de feu

Matériel • rouleaux de papier-toilette • cartonnette • papier crépon rouge • • 2 boules de cotillon blanches • peinture • pinceau • carton ondulé rouge • ciseaux • • colle • scotch double face • perforatrice • feutre noir • ficelle •

Les patrons se trouvent page 123.

1 Demande à un adulte de découper 16 anneaux de 3 cm dans les rouleaux.

2 Reporte les patrons de la tête et de la mâchoire sur 2 rouleaux et les autres sur de la cartonnette ou au dos du carton ondulé.

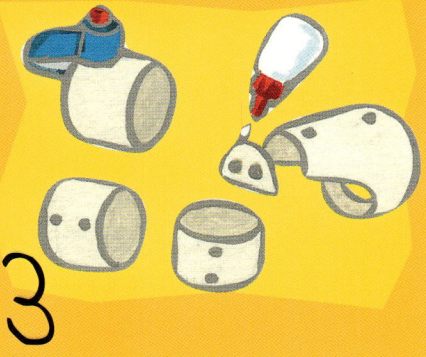

3 Perce des trous sur les anneaux, la tête et le museau. Colle le museau sur la tête.

4 Peins en rouge foncé l'intérieur de tous les rouleaux ; en rouge clair, l'extérieur et les pattes ; en blanc, les cornes et les dents.

5 Colle les différents éléments sur la tête et le corps. Colle des boules de cotillon pour les yeux et dessine les pupilles. Colle des rectangles de papier crépon frangé aux pattes. Pour la queue, procède comme pour les lampions (p 44), étapes 2 et 3.

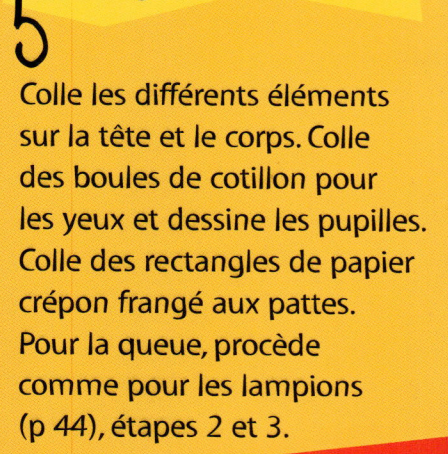

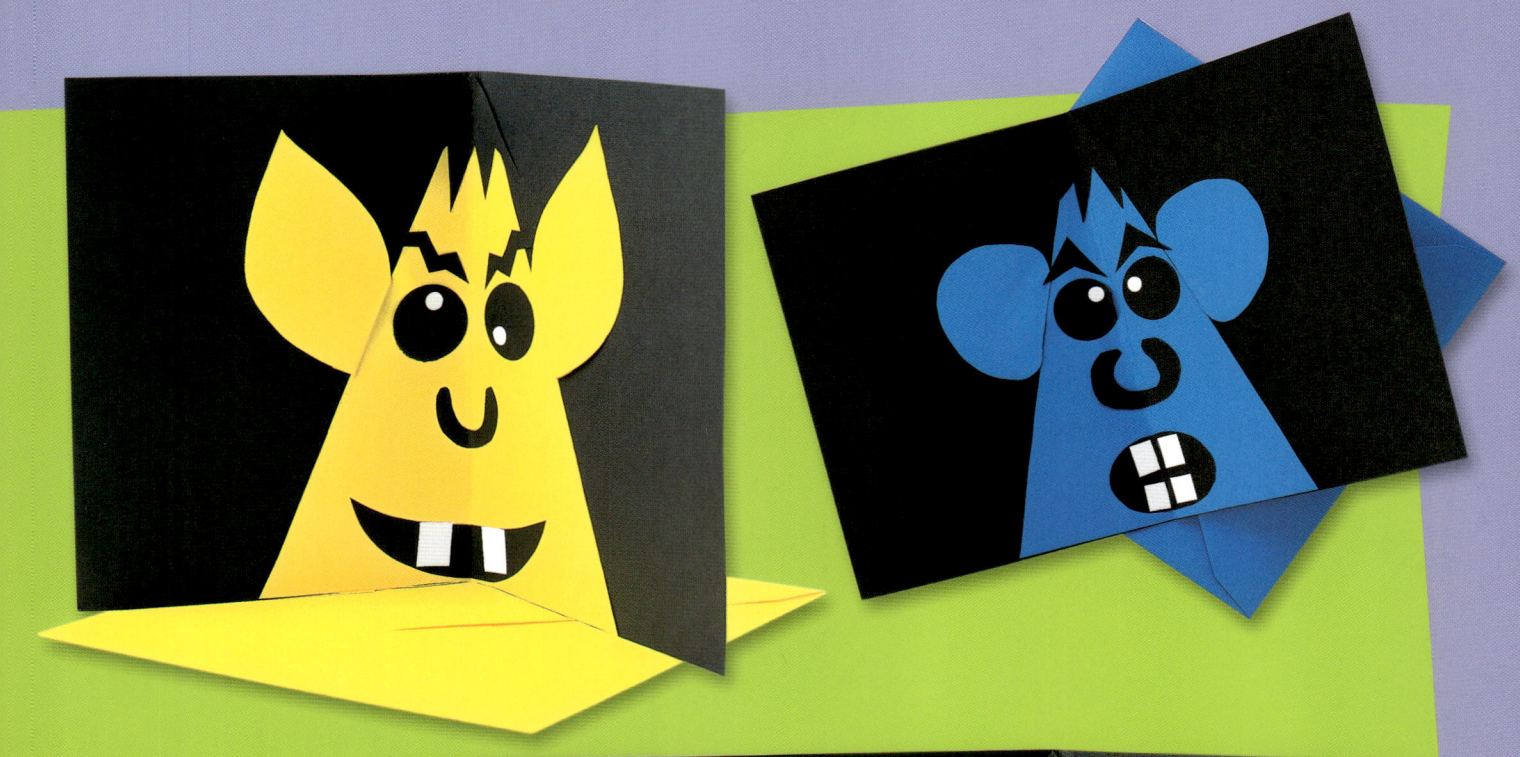

Pour que les cartes se ferment bien, découpe les monstres dans du papier fin.

Monstro-fête !

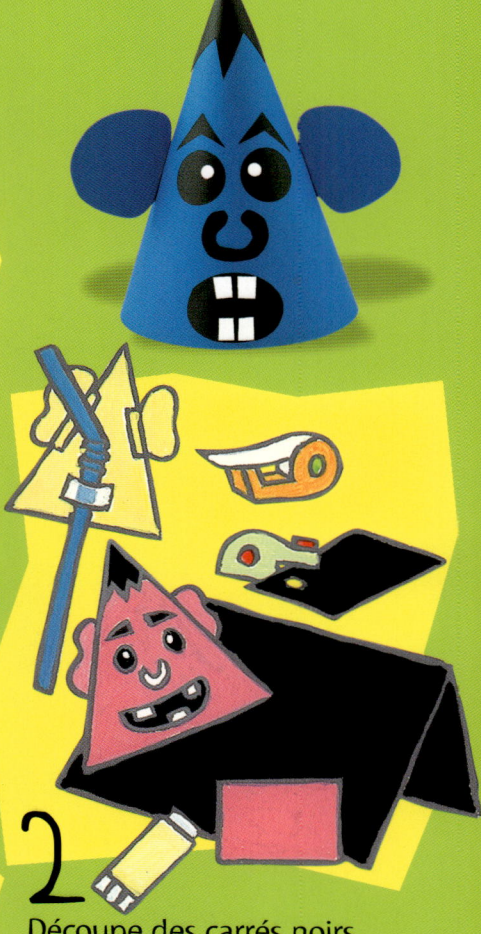

Les chapeaux

14 cm

1 Dessine la forme du chapeau sur une feuille de format A4 (21 x 29,7 cm). Découpe-la. Découpe et colle les éléments du visage. Laisse sécher.

3 Dessine des oreilles en ajoutant une languette. Découpe-les et colle-les sur le chapeau.

2 Ferme le chapeau avec du scotch, de la colle ou des agrafes. Fixe à l'intérieur un morceau d'élastique.

Petites têtes

1 Découpe des triangles de 6 cm à la base et 8 cm de haut. Décore-les. Découpe des oreilles avec une languette. Colle-les au dos.

2 Découpe des carrés noirs de 8 cm de côté.
Étiquettes : colle une tête sur un carré et perfore un coin.
Marque-place : plie un carré, colle une tête et une bande pour le nom.
Scotche d'autres têtes sur des pailles.

C'est la fête !

Un goûter d'anniversaire ou un après-midi de carnaval,
c'est amusant… mais cela se prépare !
Envoie tes invitations, décore la maison avec
des lampions et des guirlandes de toutes les couleurs,
déguise-toi, prévois des chapeaux et des masques…
C'est tout simple à réaliser : avec très peu de matériel,
tu vas épater tout le monde ! En t'y prenant un peu
à l'avance, ta fête sera sûrement très réussie
et tes copains n'auront qu'une envie : rester et s'amuser.

Cartes en fête

Matériel • *papier de différentes couleurs* • *ciseaux* • *crayon* • *règle* • *colle en bâton* •

Les patrons des motifs se trouvent page 121.

1 Pour la carte, découpe un rectangle de 11 x 16 cm.

2 Reporte le patron d'un des motifs ou dessine celui de ton choix. Découpe-le. Colle-le sur la carte. Ajoute les autres éléments du décor.

3 Découpe des bandes de papier d'environ 0,5 cm de large. Puis recoupe-les en petits morceaux.

4 Encolle une partie du motif. N'hésite pas à mettre de la colle, elle deviendra bien transparente en séchant.

5 Pose les petits bouts de papier sur la colle. Pousse-les avec la pointe des ciseaux pour les placer correctement.

Si tu as peur que la colle sèche trop vite, encolle le motif au fur et à mesure.

37

Monstro-fête !

Matériel • *papier de différentes couleurs* • *crayon* • *règle* • *ciseaux* • *colle* • *scotch* • • *agrafeuse* • *perforatrice* • *pailles* • *élastique à chapeau* •

Les cartes d'invitation

1 Découpe un rectangle noir de 24 x 16 cm. Plie-le en deux puis ouvre-le à nouveau.

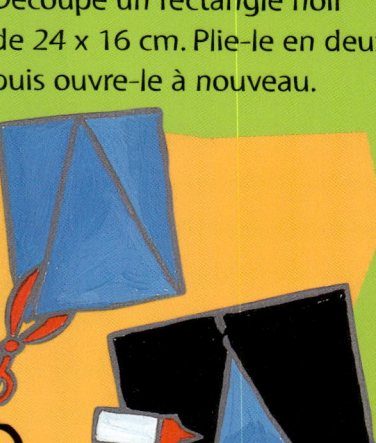

2 Sur du papier de couleur, dessine un triangle de 13 cm à la base et 16 cm de haut. Découpe-le et colle-le au milieu de la carte.

3 Découpe des oreilles de monstres, le nez, les yeux, les cheveux, la bouche, puis colle-les. Laisse sécher.

4 Replie la carte. Découpe un rectangle de 12 x 8 cm de la couleur du monstre. Colle-le. Écris ton message.

Les étiquettes

Si tu veux offrir une petite surprise à tes invités, tu peux préparer des étiquettes assorties aux cartes. Tourne la page…

Une couleur par invité et chacun retrouvera son verre, son chapeau ou sa place, même si la fête est un peu mouvementée !

Hector

Guirlandes en fête

Matériel • *papier crépon de couleur* • *ciseaux* • *colle en bâton* •

1 En t'aidant d'une soucoupe à café, découpe environ 15 ronds d'une couleur et 15 ronds d'une autre couleur.

2 Colle 2 ronds de couleurs différentes sur les côtés. Assemble ainsi tous les ronds.

3 Colle ensuite chaque paire de ronds par leur milieu en alternant les couleurs.

4 Laisse bien sécher avant de déplier ta guirlande.

Tu peux réaliser une guirlande multicolore en utilisant plus de couleurs.

Comme des lampions !

Matériel • *demi-rouleaux de papier-toilette* • *peinture* • *pinceau* • *papier crépon en rouleau* • *scotch double face* • *ciseaux* • *règle* • *perforatrice* • *fil de fer gainé de jardinage et pince coupante* •

1
Peins chaque moitié de rouleau d'une couleur plus foncée à l'intérieur et plus claire à l'extérieur. Laisse bien sécher.

2
Découpe des rectangles de crépon de 40 cm de longueur et de la largeur du rouleau de papier crépon. Découpe des franges de 2 cm en t'arrêtant à 5 cm du bord.

3
Colle un rectangle de crépon en bas de chaque demi-rouleau à l'aide de plusieurs morceaux de scotch double face.

4
À la perforatrice, fais 2 trous en haut des demi-rouleaux. Demande à un adulte de couper des morceaux de fil de fer de 10 cm et de fixer ces anses sur tes lampions.

Si tu n'as pas de scotch double face, utilise de la colle en bâton et veille à travailler proprement ! Le fil de fer peut être remplacé par de la ficelle ou du bolduc.

En avant la musique !

Matériel • papier mâché (voir page 11) • rouleaux en carton : 2 grands et 2 petits • • 2 petits ballons de baudruche • scotch • riz • scotch de couleur • peinture • pinceaux •

Bâton de pluie

1 Scotche les grands rouleaux bout à bout. Recouvre-les de 2 couches de papier mâché en laissant une extrémité ouverte. Laisse sécher.

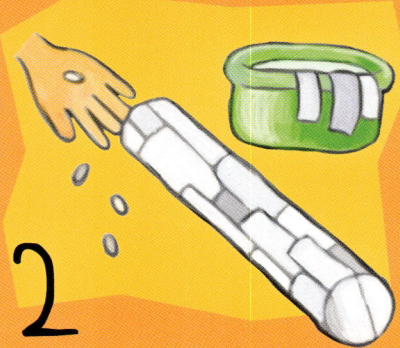

2 Verse une poignée de riz dans les rouleaux. Bouche-les avec 2 couches de papier mâché. Laisse sécher.

Maracas

1 Gonfle les ballons. Recouvre-les de 4 couches de papier mâché, sauf autour du nœud. Laisse bien sécher. Coupe les nœuds et retire les ballons.

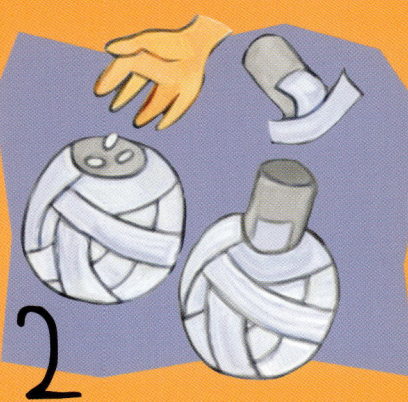

2 Verse une poignée de riz dans chaque boule. Bouche chaque petit rouleau avec 2 couches de papier mâché. Enfonce-les dans les boules.

3 Fixe les petits rouleaux sur les boules avec des petits morceaux de papier mâché, puis recouvre-les complètement. Laisse bien sécher.

Finitions

Peins les instruments. Laisse sécher. Décore avec du scotch de couleur.

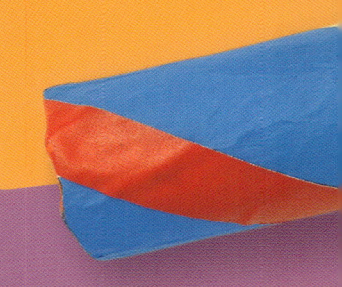

Pour varier la sonorité des instruments, remplace le riz par d'autres graines, des petites rondelles métalliques ou des grelots.

47

Jolies fleurs

Matériel • *rouleaux de scotch de peintre et d'emballage* • *tubes en carton* • *cartonnette* • *carton* • *carton ondulé de couleur* • *peinture jaune et verte* • *pinceau* • *ciseaux* • *colle* • *crayon à papier* •

Les patrons se trouvent page 125.

1 Découpe des rondelles de cartonnette au diamètre des rouleaux. Colle-les.

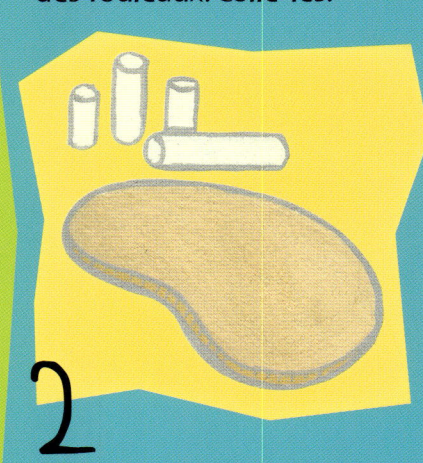

2 Demande à un adulte de découper au cutter différentes longueurs de tube et un socle d'environ 33 x 22 cm dans le carton d'emballage.

3 Peins l'intérieur des rouleaux en jaune. Peins l'extérieur, les tubes et le socle en vert.

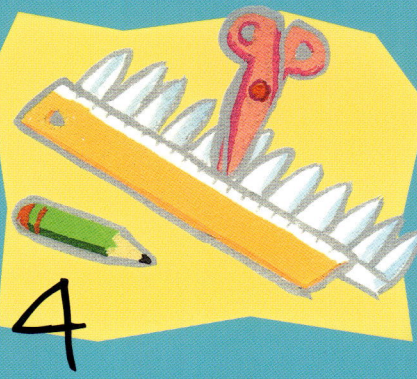

4 Reporte le patron des pétales au dos du carton ondulé. Découpe-les. À l'aide d'une règle et de la pointe des ciseaux, marque un pli à la base des pétales.

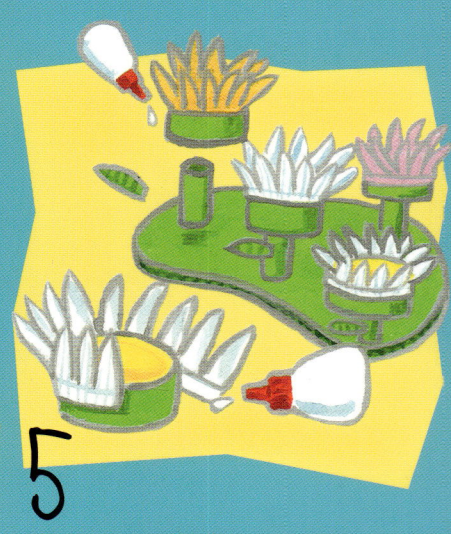

5 Colle les pétales autour des rouleaux. Découpe et fixe des feuilles sur les tubes. Colle les fleurs aux tiges et les tiges au socle.

Réalise aussi des fleurs sans tige pour ranger tous tes trésors ou présenter un cadeau…

Les clowns

Matériel • *papier crépon de couleur* • *carton d'emballage* • *carton fin* • *papier de couleur* • *bouchons en liège* • *petit pot de yaourt de couleur* • *fil élastique* • *peinture (gouache)* • *pinceaux* • *perforatrice* • *agrafeuse* • *attaches parisiennes* • *ciseaux* • *compas* • *colle en bâton* • *colle universelle* •

La veste

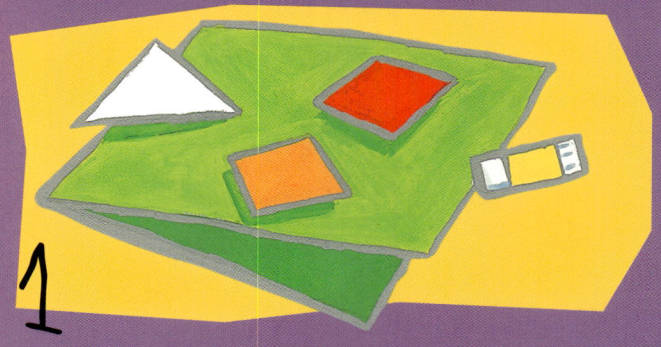

1 Découpe une bande de 50 x 100 cm de longueur dans du papier crépon. Plie-la en deux. Colle un triangle de 25 cm de côté sur le devant et des carrés ou des ronds des deux côtés.

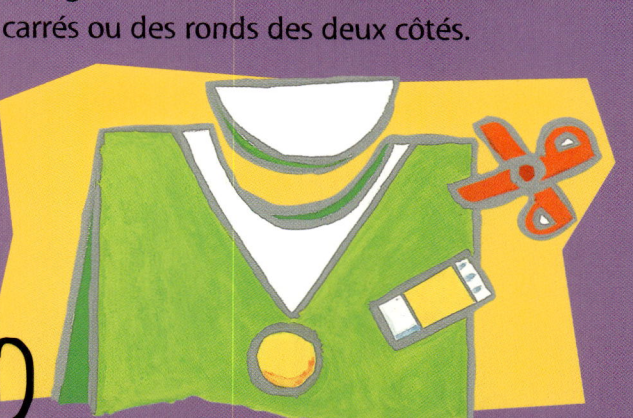

2 Découpe un demi-cercle de 20 cm de diamètre pour l'encolure. Pour les boutons, fais des grosses boulettes de papier et colle-les.

3 Pour le nœud papillon, plie une bande de 14 x 25 cm en deux et colle les extrémités. Colle une bande de 5 x 30 cm en l'enroulant sur la première.

4 Perce 2 trous de chaque côté au milieu et en bas. Après avoir enfilé la veste, ferme-la avec des attaches parisiennes.

Tourne vite la page pour fabriquer ta perruque et un accordéon.

Les clowns

La perruque

1 Découpe 3 bandes de 25 x 40 cm et frange-les tous les 2 cm. Découpe un cercle de carton fin de 10 cm. Agrafe les bandes sur le carton et un élastique dessous.

2 Découpe une rondelle de carton pour y passer le pot de yaourt et colle le tout au-dessus des cheveux. Coupe une frange.

L'accordéon

1 Découpe 2 ronds de 16 cm dans le carton d'emballage. Peins-les. Découpe 2 bandes de papier de couleur de 3 x 25 cm pour les poignées et colle-les.

2 Découpe 2 bouchons en trois, peins les morceaux et colle-les sur l'accordéon.

3 Réalise une guirlande de papier crépon (voir page 42) et colle chaque extrémité à une partie de l'accordéon.

53

Oh les chapeaux !

Matériel • *papier mâché (voir page 11)* • *saladier et bol* • *scotch* • *aluminium* • *carton* • *ciseaux* • *boule de cotillon* • *chenille* • *peinture* • *pinceaux* • *colle* •

1 Pour le moule, pose le saladier à l'envers et fixe le bol retourné dessus avec du scotch. Enveloppe le tout d'aluminium. Recouvre ce moule de 3 couches de papier mâché.

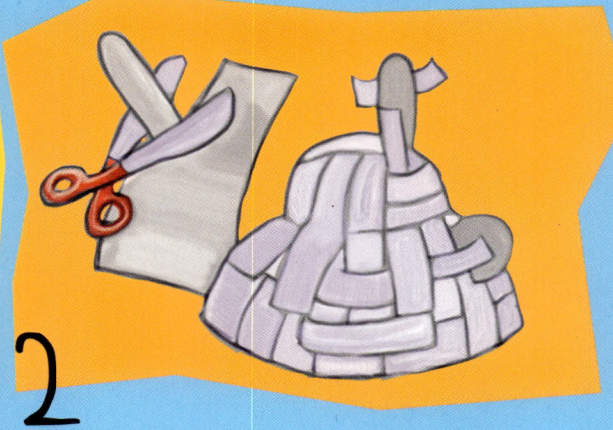

2 Découpe les pattes et les oreilles dans du carton. Fixe-les et recouvre-les avec des petits morceaux de papier mâché.

3 Laisse sécher complètement avant de démouler. Peins l'intérieur puis l'extérieur en uni. Peins des yeux, des dents, un motif, puis une boule de cotillon. Laisse sécher.

4 Colle la boule de cotillon. Perce un trou à l'arrière. Glisse une chenille et fixe-la en faisant un petit nœud. Mets la queue en forme.

Il suffit de presque rien pour compléter ce déguisement. Choisis des vêtements d'une couleur unie, noue un foulard autour de ton cou. Vive la fête !

55

Masque de martien

Matériel • *papier mâché (voir page 11)* • *gros ballon de baudruche* • *13 petits rouleaux de carton* • *2 boules en polystyrène de 5 cm* • *papier noir épais* • *carton fin* • *ciseaux* • *colle* • *peinture* • *pinceaux* • *éponge* •

1 Pose le ballon gonflé dans un saladier moyen. Recouvre-le de 3 couches de papier mâché jusqu'au rebord du saladier.

2 Après séchage, perce le ballon. Enfile le masque pour repérer la place des yeux et de la bouche. Retire-le. Demande à un adulte de découper des trous.

3 Colle les rouleaux sur le masque. Lorsque la colle est sèche, consolide avec une couche de papier mâché. Laisse sécher. Colle des lèvres en carton.

Les narines du martien correspondent aux trous pour les yeux.

4 Peins l'intérieur des rouleaux, le masque en vert, puis les yeux. Avec une éponge tamponne de la peinture jaune sur le masque.

5 Pour les cils, frange 2 bandes de papier noir de 15 x 7 cm. Colle-les à l'intérieur de 2 rouleaux. Colle les yeux par-dessus.

**Pour que le masque soit assez grand, le ballon gonflé doit être plus gros que ta tête. Si le masque est trop étroit en bas, demande à un adulte de le recouper avant de le peindre.

Colliers colorés

Matériel • papier crépon de couleur • ciseaux • colle en bâton • fil de couleur • • aiguille à canevas (ou grosse aiguille) •

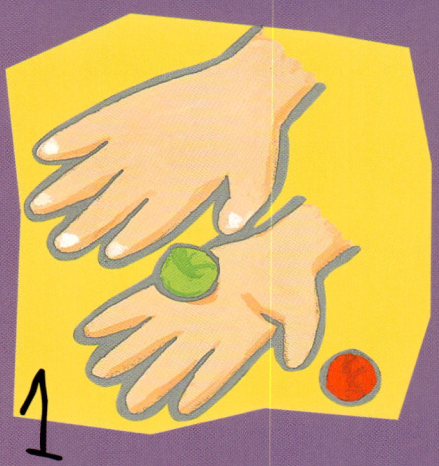

Le patron des pétales de la fleur se trouve page 122.

1 Forme des boulettes de papier crépon d'environ 2 cm de grosseur.

2 Découpe des bandes de 2 x 20 cm. Enroule-les autour des boulettes et colle-les.

3 Pour la fleur, découpe une ribambelle de pétales en reportant le patron sur une bande de papier crépon pliée en huit (voir page 9).

4 Colle les pétales à la base d'une boulette.

5 À l'aide du fil et de l'aiguille, perce et enfile les boulettes pour former le collier en plaçant la fleur au milieu. Calcule la bonne longueur de fil et ferme le collier avec un nœud.

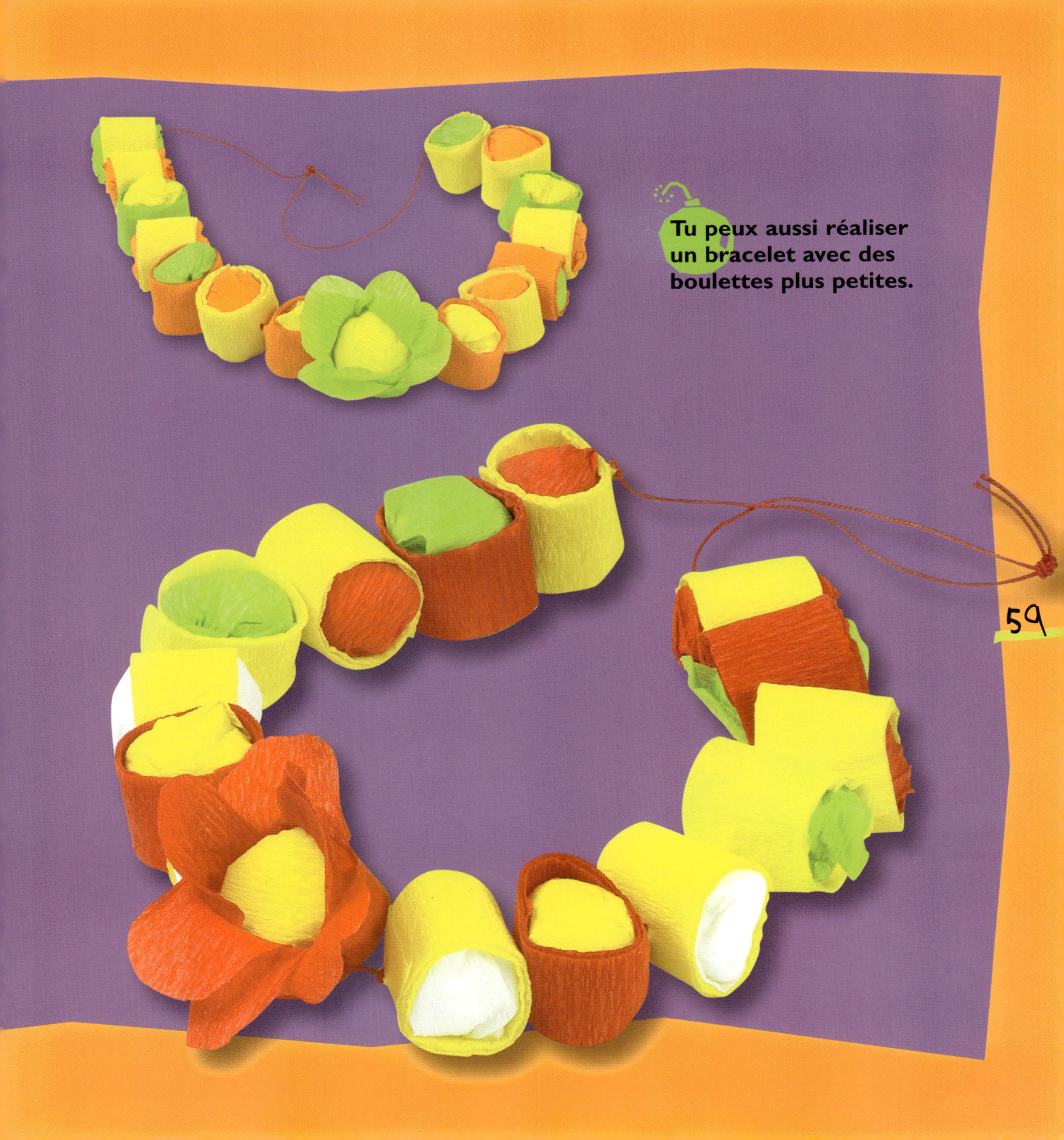

Tu peux aussi réaliser un bracelet avec des boulettes plus petites.

59

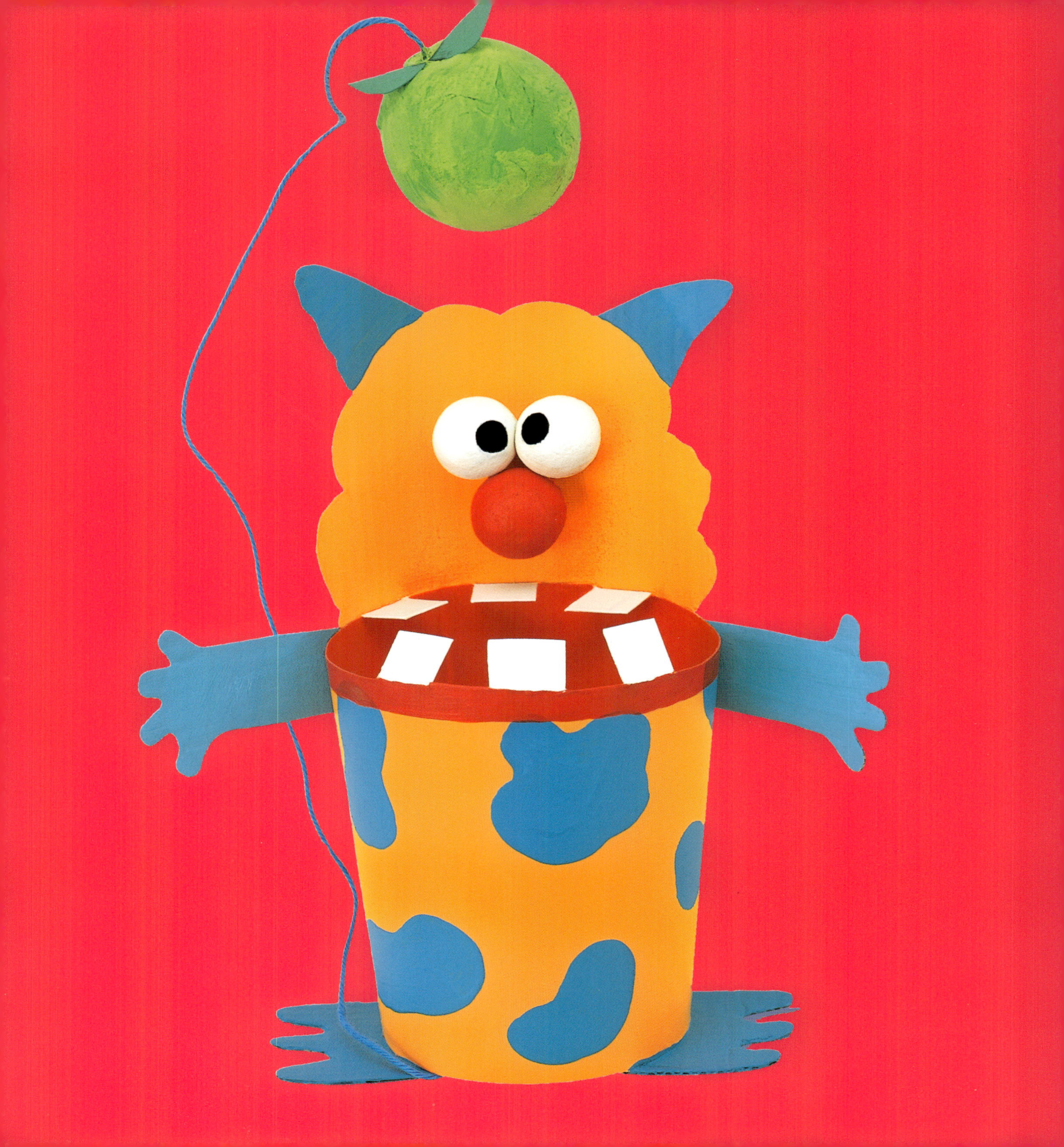

À vos marques, prêts... jouez !

Seul à la maison ou avec tes amis, pas question de s'ennuyer ! En regardant un peu autour de toi, tu trouveras toujours des idées pour jouer. Quelques bouts de papier, du carton et des rouleaux : très peu de choses suffisent ! Organise des parties de chamboule-tout, imagine des histoires de poupées et de marionnettes, exerce-toi aux jeux d'adresse... En fabriquant tes jouets, tu commenceras déjà à t'amuser !

Chamboule-chats

Matériel • 6 petites briques de lait à bouchon verseur • papier de verre fin • peinture • pinceaux • papier de couleur • une paire de chaussettes usées • chutes de feutrine ou de tissu • ficelle • colle • ciseaux •

Les chats

1 Enlève les bouchons. Rince les briques et laisse-les sécher. Colle des rectangles de papier sur les trous.

2 Décolle les oreilles. Frotte les briques avec du papier de verre.

3 Peins les briques d'une couleur unie. Laisse sécher. Dessine les rayures et le visage avec un pinceau fin.

4 Pour les moustaches, découpe des bandelettes de papier. Plie-les en accordéon et colle-les de chaque côté du nez.

La souris

Rentre les chaussettes l'une dans l'autre. Colle 6 brins de ficelle pour les moustaches. Dans la feutrine ou le tissu, découpe des oreilles, des yeux, un nez et une queue. Colle-les.

À tour de rôle, les joueurs empilent les chats et lancent la souris pour en renverser le maximum. Que le meilleur gagne !

Jeux d'adresse

Matériel • rouleau de scotch de peintre • cartonnette • peinture • pinceaux • • carton ondulé de couleur • colle • crayon à papier • ciseaux • règle • gros clou • perles •

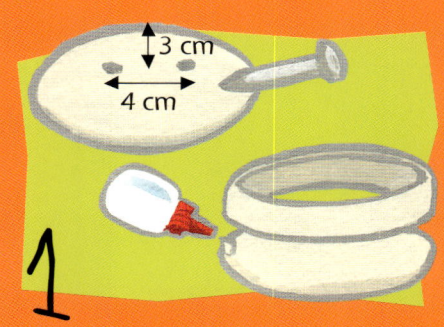

1 Découpe une rondelle de cartonnette au diamètre du rouleau. Demande à un adulte d'y percer les yeux avec un clou. Colle le rouleau sur la rondelle. Laisse sécher.

2 Peins l'intérieur d'une couleur. Peins le dos, puis le tour d'une autre. Laisse sécher entre chaque étape. Peins les yeux.

3 Reporte les patrons des cheveux et du dessus du nez au dos du carton ondulé. Découpe une bande de 1,5 x 8 cm pour la bouche et de 1,5 x 7,5 cm pour le nez.

4 Colle la bande de la bouche en la pliant en deux. Assemble le nez.

5 Colle tous les éléments du visage. Pose les perles dans le jeu. Essaye de les faire rentrer dans les trous en donnant des petites secousses au plateau.

Tu peux remplacer les perles par des boulettes de pâte à modeler qui durcit à l'air. Si tu le souhaites, colle une rondelle de plastique souple sur le jeu pour le couvrir.

Les patrons se trouvent page 125.

Bilboquets gourmands

Matériel • grands gobelets en carton • carton : ondulé et fin •
• papier : épais, vert, absorbant • boules de cotillon • balle de ping-pong •
• fil de coton • feutre noir • colle • crayon • peinture • pinceaux •

1 Dessine : la tête au dos du carton ondulé, les bras et les pieds sur du carton fin, des dents avec des languettes sur du papier. Découpe.

2 Raccourcis le gobelet. Colle les dents en pliant les languettes, la tête et les bras. Colle les pieds l'un sur l'autre.

3 Pour le fruit, recouvre la balle de morceaux de papier absorbant encollé en enfermant l'extrémité d'un fil. Laisse sécher.

4 Peins le fruit, 3 boules de cotillon, les pieds, puis le monstre en laissant sécher entre les couleurs.

5 Colle des feuilles de papier vert sur le fruit. Demande à un adulte de percer le fond du gobelet. Glisse le fil et fais un nœud. Colle les pieds, le nez et les yeux. Dessine les pupilles.

Si tu te sens assez habile, découpe le gobelet en faisant des créneaux pour les dents : tu n'auras plus besoin de les découper dans le papier épais.

Jeu des plongeurs

Matériel • plateau à œufs • carton fin • carton ondulé (facultatif) • papier de couleur • • bouchons en liège • boules de cotillon • brosse à dents usagée • peinture • pinceaux • • marqueur noir • stylo correcteur blanc • feutres • règle • crayon • colle • ciseaux •

La piscine

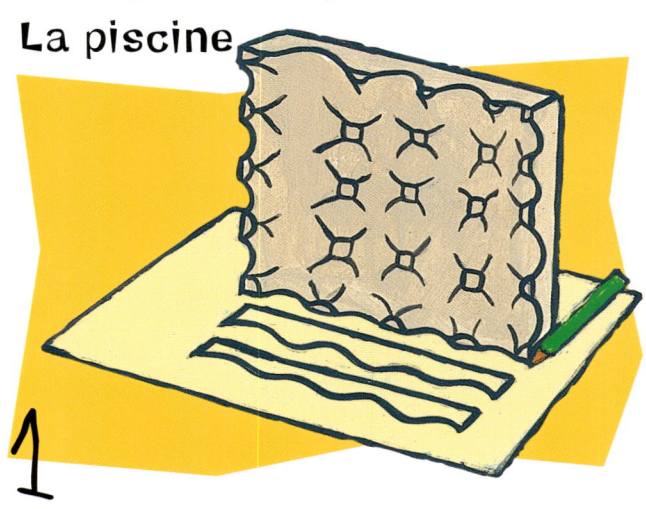

1 Sur du carton fin (ou du carton ondulé), dessine des bandes de vagues de la longueur et de la hauteur des côtés du plateau à œufs.

2 Découpe les bandes de vagues. Colle-les autour du plateau. Laisse bien sécher.

3 Peins la piscine en bleu. Laisse sécher. Avec la brosse à dents, pulvérise de la peinture blanche diluée.

4 Découpe des petits décors en carton fin. Peins-les, laisse-les sécher, puis colle-les tout autour de la piscine.

Qui plongera le mieux et pêchera le plus de bonbons ?
Pour réaliser, tous les plongeurs, le plongeoir et connaître la règle du jeu, tourne vite la page !

Jeu des plongeurs

Le plongeoir

1 Découpe une bande de carton de 3 x 15,5 cm. Peins-la. Peins aussi un bouchon. Laisse bien sécher.

2 Colle le bouchon sur l'envers de la bande, à environ 3 cm d'une de ses extrémités. Laisse sécher avant de retourner le plongeoir.

Les plongeurs

1 Colle des boules de cotillon sur des bouchons en liège. Laisse bien sécher. Peins les personnages.

2 Décore les vêtements avec un pinceau fin. Dessine les yeux avec un marqueur noir et un stylo correcteur. Pour les autres détails du visage, utilise des feutres.

3 Colle des bandelettes de papier sur la tête des filles. Plie-les ou enroule-les. Colle une petite bande frangée pour la houppette des garçons.

Règle du jeu

Dans chaque case de la piscine, on dispose des petits bonbons. À tour de rôle, les joueurs font sauter leur plongeur. S'il tombe dans une case remplie de bonbons, le joueur les gagne. Sinon, il passe son tour. Au fur et à mesure, le suspens grandit, car le nombre de cases remplies diminue !

Variante : On peut disposer des morceaux de papier totalisant de 1 à 4 points. Les coups manqués font perdre 1 point. À la fin de la partie, les points de chaque joueur sont additionnés pour définir le vainqueur.

Folles marionnettes

Matériel • *papier de différentes couleurs* • *papier crépon* • *verre large* • *colle* • *ciseaux* •
• *crayon* • *perforatrice* • *boules de cotillon de couleur* •

Les patrons se trouvent page 121.

1 Reporte le patron du corps, des mains et des chaussures. Trace un rond pour la tête. Découpe.

2 Pour les garçons, découpe des cheveux ébouriffés. Pour les filles, dessine une courbe en suivant la tête. Ajoute la frange, les couettes...

3 Sur les habits, colle des pois découpés à la perforatrice ou des fines bandes de papier que tu recoupes ensuite de chaque côté.

4 Découpe les yeux et la bouche. Colle tous les éléments sans oublier la boule de cotillon pour le nez. Laisse sécher.

5 Découpe un rectangle de 5 x 8 cm. Encolle un des petits côtés et forme un rouleau assez large pour glisser un doigt. Colle-le au dos de ta marionnette.

Colle aussi des bandes de papier crépon pour les cheveux.

73

Au théâtre

Matériel • carton d'emballage (environ 53 x 50 x 28 cm) • carton ondulé de couleur • • peinture • pinceau large • long tube épais • feutrine • papier kraft gommé • ciseaux • colle • • règle • crayon à papier •

Castelet

Les patrons se trouvent pages 116 et 117.

1 Découpe les rabats du haut. Garde les plus longs. Découpe une fenêtre de 44 x 38 cm environ, à 2 cm du bas.

2 Colle des bandes de kraft à cheval sur les bords du carton et sur les 2 morceaux de rabats pour les assembler.

3 Peins l'intérieur en bleu, l'extérieur en rose et les rabats assemblés en vert. Laisse sécher.

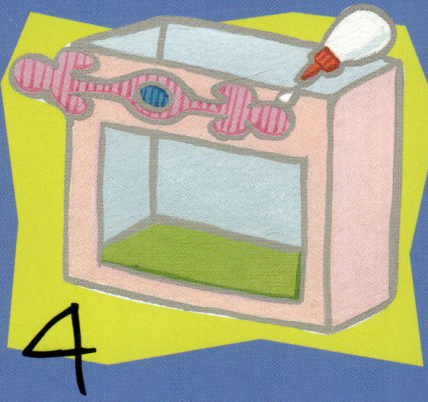

4 Colle le plancher. À l'aide des patrons, dessine les décors au dos du carton ondulé. Découpe-les, puis colle-les.

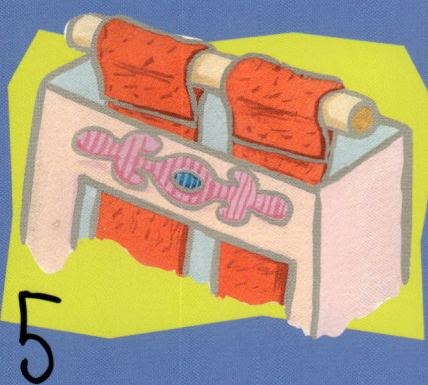

5 Découpe le tube à la longueur du carton. Découpe 2 rectangles de feutrine de la hauteur du castelet en ajoutant un revers. Colle-les autour du tube. Colle les extrémités du tube au carton.

Tourne la page pour fabriquer les marionnettes.

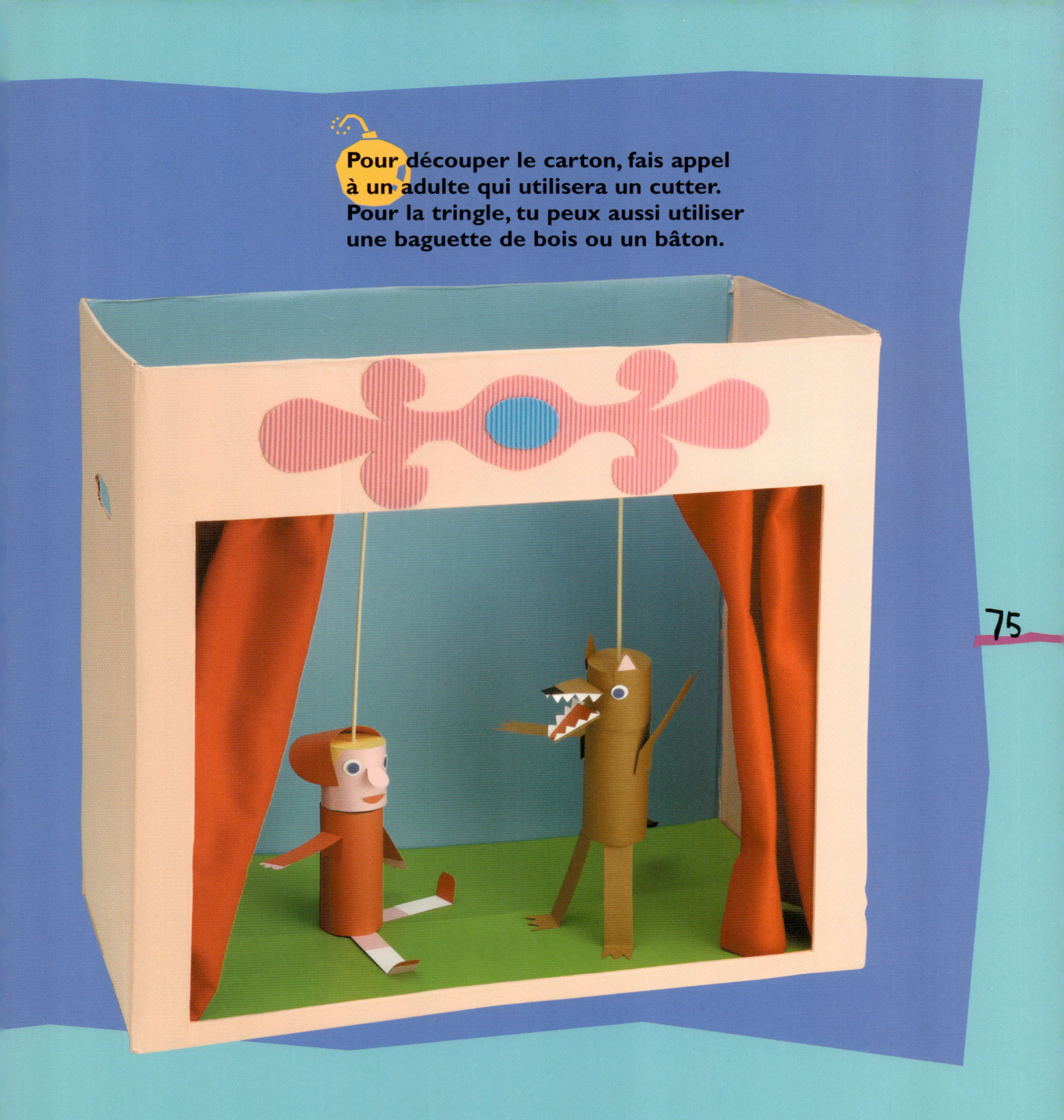

Pour découper le carton, fais appel à un adulte qui utilisera un cutter. Pour la tringle, tu peux aussi utiliser une baguette de bois ou un bâton.

Au théâtre

Matériel • rouleaux de papier-toilette • papier de couleur • brochettes en bois •
• bouchon en liège • cartonnette • colle • scotch • ciseaux • crayons à papier • clou •

Marionnettes

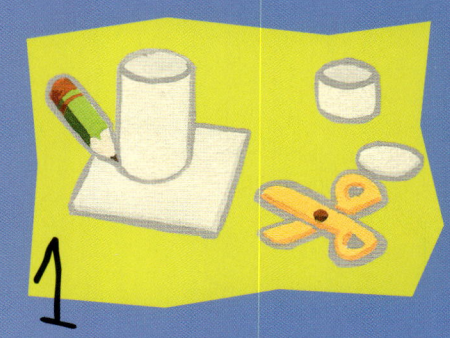

Les patrons se trouvent pages 116 et 117.

1 Pour chaque marionnette, prépare : un demi-rouleau, un rouleau et 2 rondelles de cartonnette au diamètre des rouleaux.

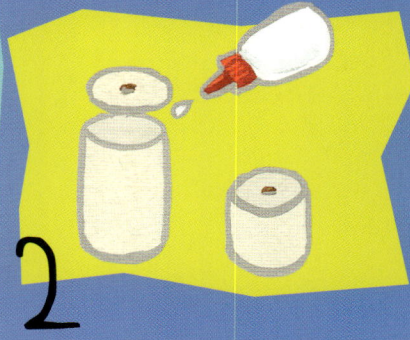

2 Avec l'aide d'un adulte, troue le centre des rondelles. Colles-en une sur la tête et une sur le corps.

3 Dans le papier, découpe des rectangles de 5 x 16 cm et 10 x 16 cm, et 2 rondelles. Recouvre les rouleaux.

4 À l'aide des patrons, découpe les autres éléments. Plie-les aux endroits indiqués. Colle-les ou scotche-les (jambes ou pattes). Laisse sécher.

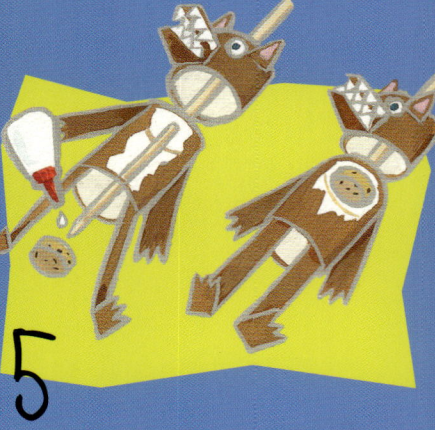

5 En perforant le papier, enfile une brochette dans la tête et le corps. Encolle une rondelle de bouchon, piques-y la brochette et remonte le tout jusqu'à la rondelle de carton.

Observe bien les photographies pour habiller tes marionnettes. Fais aussi appel à ton imagination et invente tes propres personnages !

77

Rois à ressort

Matériel • balle de ping-pong • carton fin • carton ondulé ou papier épais •
• rouleau en carton • perle • fil de fer fin • ciseaux • peinture • pinceaux • colle •
• cure-dents • stylo correcteur blanc • feutres • crayon •

1 Dessine une collerette, des mains et des pieds sur du carton fin, puis une petite couronne sur la face lisse du carton ondulé. Découpe.

2 Peins un rouleau, une balle, une perle et les éléments en carton. Laisse sécher. Peins les pois, les détails des chaussures et de la collerette.

3 Demande à un adulte de percer la balle, les pieds, les mains et 4 trous sur le corps. Enroule 4 brins de fil de fer autour d'un crayon.

4 Attache les mains et les pieds à une extrémité des ressorts en tortillant le fil de fer. Accroche l'autre extrémité dans les trous du corps.

5 Colle la collerette, la tête à l'aide d'un cure-dents, puis la couronne. Dessine les yeux au correcteur blanc, puis les détails du visage aux feutres. Colle le nez.

Pour te raconter plein d'histoires, transforme ton petit roi en marionnette, en fixant un bâton à l'intérieur du rouleau !

79

Poupées de papier

Matériel • *papier crépon de couleur* • *yeux mobiles* • *colle en bâton* • *colle universelle* • *ciseaux* • *feutre rouge*

1
Découpe une bande de 11 x 80 cm pour le corps, 2 bandes de 7 x 25 cm pour les bras et 2 bandes de 10 x 25 cm pour les jambes. Forme des rouleaux.

2
Pour les habits, découpe des bandes plus courtes que les parties du corps et colle-les autour. Recourbe les pieds.

3
Fixe les jambes au corps en enroulant une bande de la même couleur que le pantalon. Ajoute le ceinturon. Fixe les bras en les entourant d'une écharpe.

4
Pour les cheveux, frange une bande et colle-la autour de la tête. Colle les yeux mobiles et un petit rouleau pour le nez. Dessine la bouche au feutre.

La fille se réalise sur le même principe. Le pantalon est remplacé par une jupe et les cheveux sont plus longs.

Mille et une nuits

Matériel • *petites boîtes en carton* • *rouleaux (papier-toilette, essuie-tout)* • *carton* • *carton ondulé de couleur* • *kraft gommé* • *peinture* • *pinceau* • *ciseaux* • *colle* • *règle* • *crayon à papier*

Palais

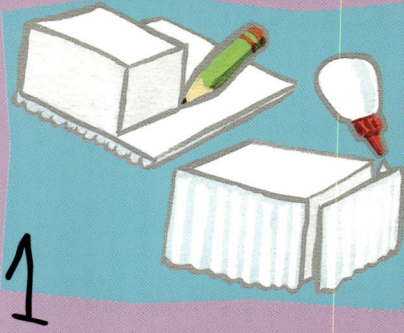

Les patrons se trouvent page 124.

1 Recouvre les boîtes de carton ondulé en veillant au sens des cannelures : trace le contour de chaque face au dos du carton.

2 Recouvre les rouleaux avec des rectangles de carton ondulé de 10 x 16 cm ou de 23 x 16 cm.

3 Reporte les patrons des coupoles, des fenêtres et de la porte. Découpe-les. Prépare des longues bandes de 1 cm de large.

4 Colle les coupoles, les fenêtres et la porte, puis les bandes en les recoupant.

5 Borde une grande plaque de carton de bandes de kraft gommé. Laisse sécher. Peins en jaune pâle.

Installe les bâtiments à ta guise. Pour les décors et les accessoires, tourne la page.

Mille et une nuits

Matériel • carton ondulé de couleur • colle • ciseaux • ciseaux fantaisie • règle • • crayon à papier •

Palmiers

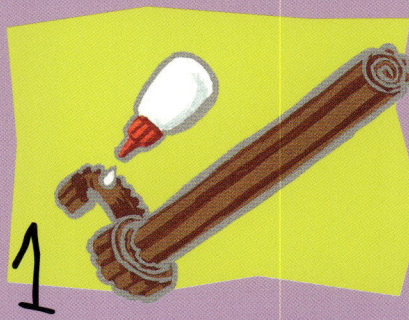

Les patrons se trouvent page 124.

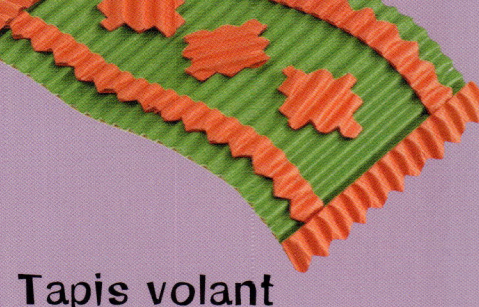

1 Découpe un rectangle de carton ondulé. Colle-le en formant un tube. À sa base, colle une bande de 16 x 1 cm.

2 À l'aide du patron, découpe les feuilles. Colle la bande de 3 feuilles, puis insère les autres dans les espaces. Ajoute une petite rondelle de carton au centre.

Tapis volant

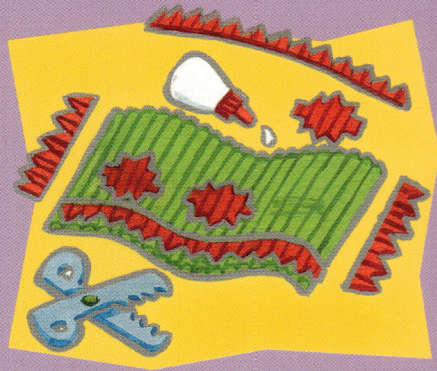

Découpe un rectangle de 8 x 5 cm. Découpe les décors avec des ciseaux fantaisie. Colle-les en faisant onduler le tapis.

Lampe magique

Forme un petit tube de carton ondulé de 1 cm de large. Colle la forme de la lampe de chaque côté. Pour le couvercle, colle une rondelle de carton et un tout petit rouleau.

Avant de découper le carton ondulé, vérifie bien le sens des cannelures.

Personnages

1 Pour le corps, découpe un rectangle de carton ondulé de 8 x 6 cm. Colle-le en formant un rouleau.

2 Colle une bande de 8 x 3,5 cm en guise de tunique. À l'aide des patrons, découpe le turban, les manches et les mains. Colle-les.

85

Petit train

Matériel • rouleaux de papier-toilette • tubes en carton • boîte de biscuits •
• cartonnette • carton • kraft gommé • brochettes en bois • bouchons •
• peinture • pinceaux • feutres • colle • ciseaux • règle • crayon à papier • ficelle •

Locomotive

1 Prépare un rouleau, 10 cm de boîte de biscuits, un rectangle de carton de 7 x 15 cm (attention au sens des cannelures) et un autre de 7 x 5 cm, 4 cm de tube très fin, 1 cm de tube fin, 2 rondelles de cartonnette.

2 Colle le tout. Laisse sécher. Consolide avec du kraft gommé.

3 Pour les roues, découpe 4 bandes de carton de 2 x 50 cm. Colle-les en les enroulant.

4 Peins. Laisse sécher. Ajoute les détails au feutre. Coupe des morceaux de brochette de 11 cm. Insère-les dans le socle et colle les roues.

Pour les découpes, n'hésite pas à faire appel à un adulte.

Autres wagons

Procède comme pour la locomotive.

Wagon à charbon : découpe un rouleau dans la longueur ; recoupe des rondelles de bouchon pour le charbon.
Wagon-passagers : bouche le reste de la boîte de biscuits avec du kraft gommé.

Demande à un adulte
de percer des trous dans
les socles des wagons
et relie-les par une ficelle.
Fabrique des arbres
en t'inspirant de la photographie.

87

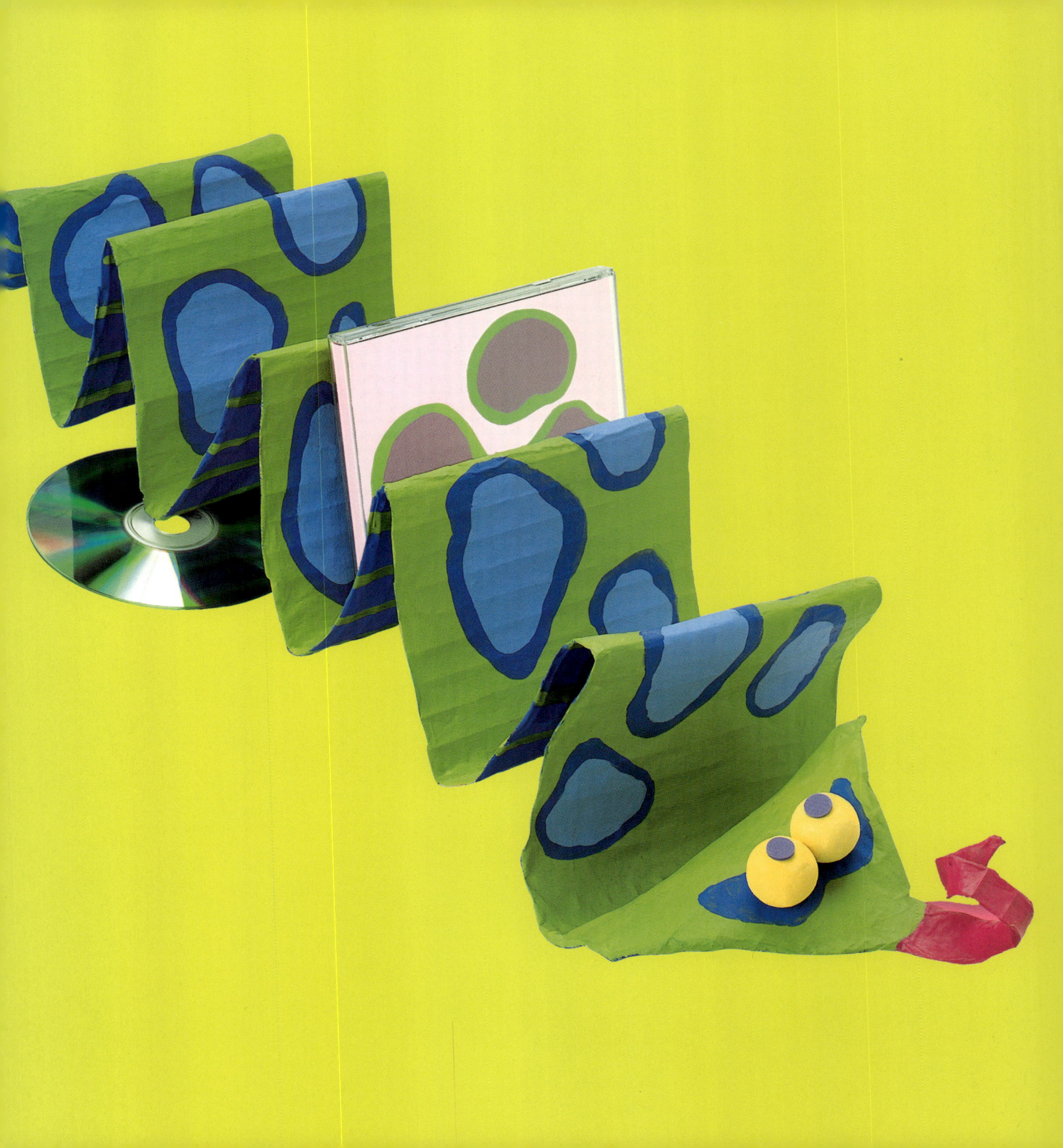

Ma déco rigolote !

Ta chambre est ton jardin secret !
Voici plein d'idées amusantes faciles à réaliser
pour la personnaliser et préparer des cadeaux
pour ta famille : des boîtes pour cacher
tous tes trésors, des cadres pour mettre en valeur
de jolies photos, des pince-mots
pour ne pas oublier les choses importantes,
des pots à crayons pour embellir ton bureau…

Cadres pas bêtes

Matériel • *papier de différentes couleurs • crayon • ramequin • règle • ciseaux • colle •*
• attaches à tableaux autocollantes • scotch • photos ou dessins •

1 Utilise un ramequin pour dessiner le contour de la tête. Découpe-la.

2 Sur du papier de la même couleur, trace une bande de 7 cm de large et, selon le nombre de photos, de 11 cm ou 18 cm ou 23 cm de haut.

3 Avec l'aide d'un adulte, découpe des fenêtres de 4 x 4 cm pour les photos. Colle la tête.

4 Découpe les différentes parties de ton animal : yeux, antennes, bouche, crête ...

5 Colle les décors. Fixe des photos ou des dessins au dos avec du scotch. Colle une attache à tableau derrière la tête.

Découpe la « coiffure » de la coccinelle, comme les cheveux des marionnettes-filles de la page 72.

Cadres animaliers

Matériel • *papier mâché (voir page 11)* • *carton épais* • *bol* • *crayon* • *ciseaux* • *colle* • *peinture* • *pinceaux* • *attache à tableau en toile gommée*

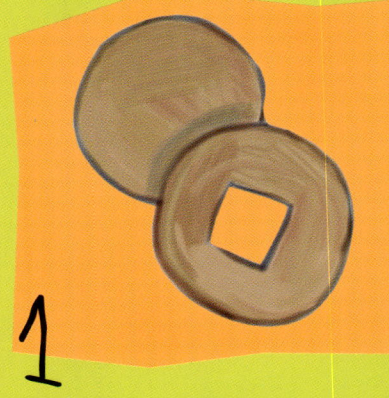

1 Dessine puis découpe 2 ronds de carton identiques. Avec l'aide d'un adulte, découpe une fenêtre de 5 cm de côté au centre de l'un d'eux.

2 Recouvre les 2 parties du cadre de 2 couches de papier mâché.

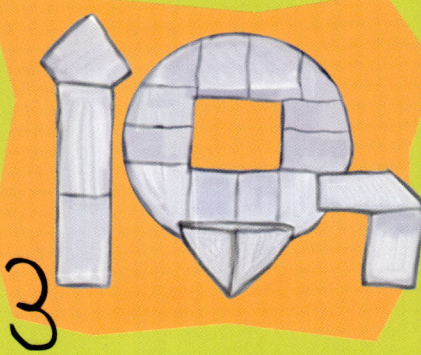

3 Forme les pattes, la tête et la queue de l'animal avec des bandes de papier mâché. Fixe-les sur le cadre à l'aide de bandes encollées. Laisse sécher.

4 Peins les 2 côtés de chaque partie du cadre en laissant sécher entre les couleurs.

5 Colle le cadre sur le fond en laissant un passage pour la photo. Fixe une attache en toile gommée au dos.

Pour réaliser un cadre carré, découpe 2 morceaux de carton de 14 cm de côté. Utilise un verre pour dessiner la fenêtre ronde.

Serpent à CD

Matériel • *papier mâché (voir page 11)* • *grillage à mailles carrées : une bande de 150 x 14 cm environ* • *peinture* • *pinceaux* • *boules de cotillon* • *petits ronds en mousse* • *colle* •

1
En faisant bien attention à ne pas te piquer, replie les 4 coins de la bande de grillage, puis plie-la en zigzag.

2
Recouvre le grillage de 3 couches de papier mâché d'un côté. Laisse sécher et recommence de l'autre côté.

3
Pour obtenir des bords nets, colle des morceaux de papier à cheval tout autour du serpent. Modèle une langue avec des bandes de papier mâché. Laisse bien sécher.

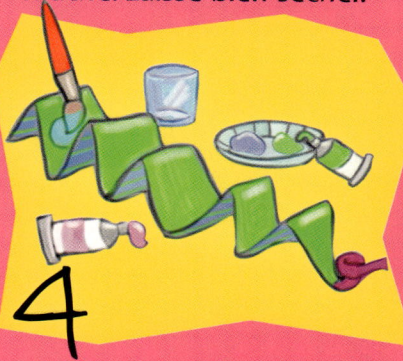

4
Peins le serpent en uni, en laissant sécher entre le dessus et le dessous. Peins la langue et des motifs sur le corps.

5
Peins 2 boules de cotillon pour les yeux. Laisse-les sécher. Colle-les sur la tête. Ajoute 2 petits ronds en mousse pour les pupilles.

Si tu n'as pas de petits ronds en mousse, tu peux les remplacer par des petits ronds de carton peint.

95

Pince-mots

Matériel • carton ondulé et papier de différentes couleurs • règle • crayon • ciseaux • • pinces à linge en bois • peinture • pinceau • colle • attaches à tableaux autocollantes •

1 Trace puis découpe un rectangle de carton ondulé de 15 x 12 cm et un autre de 12 x 10 cm. Découpe les angles.

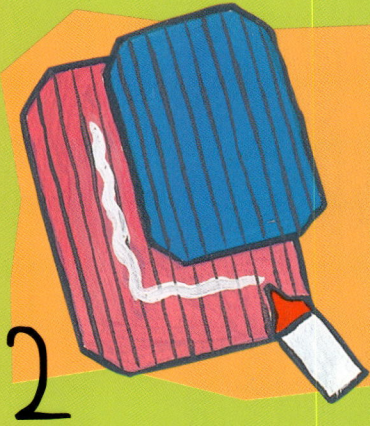

2 Colle les rectangles l'un sur l'autre.

3 Pose une pince sur du papier et dessine un motif autour. Pour les motifs symétriques, plie le papier en deux.

4 Découpe le motif. Ajoute des détails en papier découpé ou au feutre.

5 Peins la pince. Laisse-la sécher. Colle le motif, puis la pince sur le mémo. Colle une attache à tableau au dos.

Grâce à ces drôles de mémos, la liste des courses et les tickets de piscine ne seront plus jamais égarés !

97

Mini-carnets

Matériel • *papier de différentes couleurs* • *crayon* • *ciseaux* • *aiguille à canevas* • • *attaches parisiennes* • *colle* • *yeux mobiles* • *perforatrice fantaisie (facultatif)* •

1 Prépare le patron de l'animal de ton choix. Perce le trou avec l'aiguille à canevas.

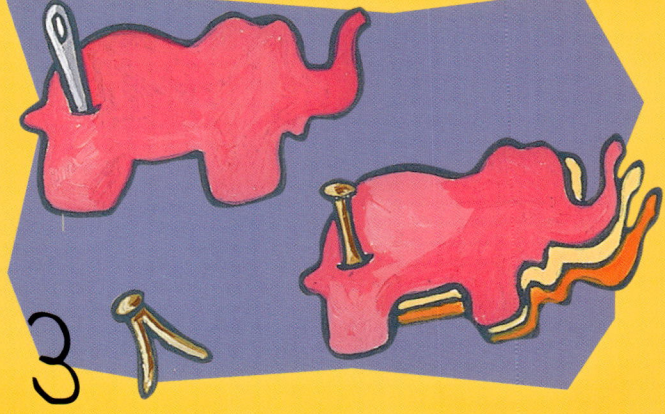

2 Reporte le patron autant de fois que le nombre de pages souhaité. Découpe les pages. Fais un point à la place du trou.

3 Perce chaque page. Assemble-les avec une attache parisienne. Écarte les tiges de l'attache au dos du carnet.

4 Sur la couverture, colle un œil mobile, une oreille, des formes découpées aux ciseaux ou avec une perforatrice fantaisie...

Les patrons se trouvent page 118.

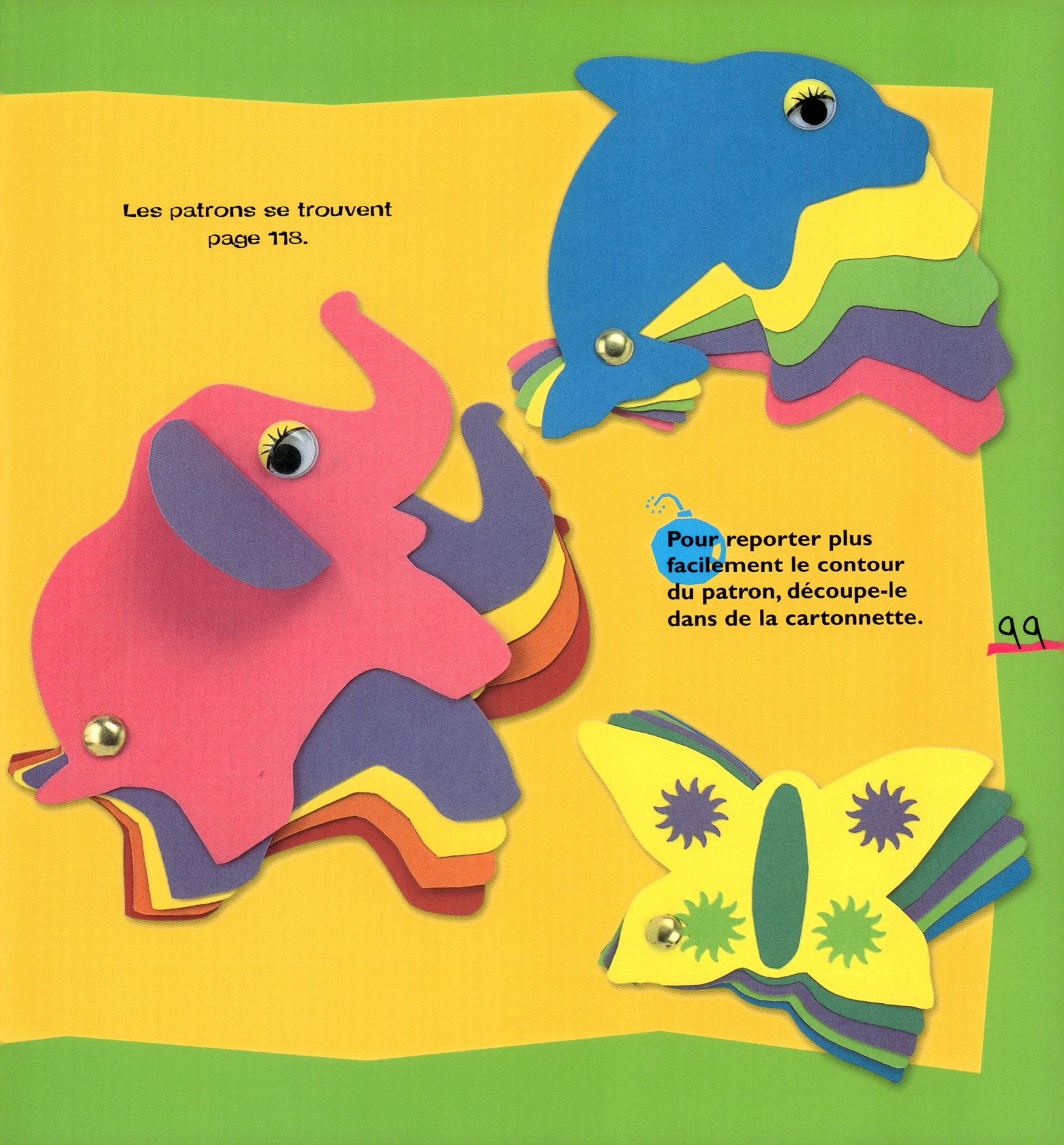

Pour reporter plus facilement le contour du patron, découpe-le dans de la cartonnette.

99

Drôles de trousses

Matériel • *rouleaux en carton de différentes longueurs* • *carton fin* • • *boules de cotillon* • *bouchon en liège* • *velcro autocollant* • *ciseaux* • *colle* • • *peinture* • *pinceaux* • *agrafeuse* •

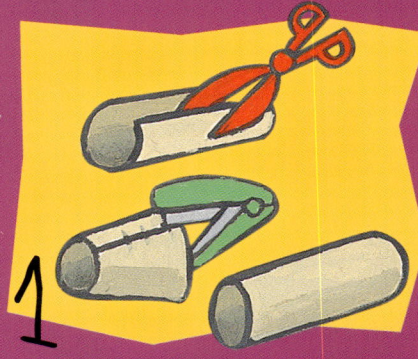

1 Pour la tête, raccourcis un rouleau et coupe-le dans la longueur. Agrafe-le en formant un cône. Choisis la longueur du corps.

2 Sur du carton, trace 2 ronds pour fermer la trousse de chaque côté. Dessine les pattes, les oreilles, la queue et le bord du chapeau. Découpe.

3 Demande à un adulte de découper un morceau de bouchon. Colle tous les éléments sur les rouleaux. Laisse bien sécher.

4 Peins ton animal et 3 boules de cotillon pour le museau et les yeux. Laisse sécher. Colle les yeux et le museau.

5 Découpe 2 morceaux de velcro. Colle le côté à boucles des morceaux sur le rebord du corps et le côté piquant en face, dans la tête.

💡 **À toi d'inventer d'autres modèles ! Et pourquoi pas une très longue trousse mille-pattes, une sauterelle ou même une voiture ?**

Crayons fleuris

Matériel • *papier crépon de couleur* • *crayons* • *ciseaux* • *colle en bâton* •

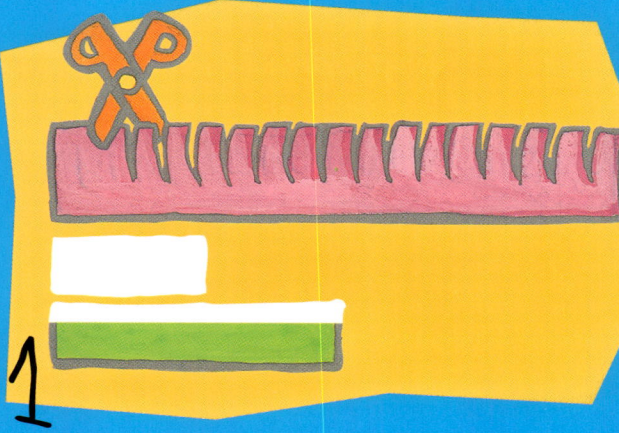

1 Découpe des franges dans une bande de 6 x 50 cm pour la fleur. Découpe une bande verte de 2 x 10 cm et une autre de 2 x 25 cm.

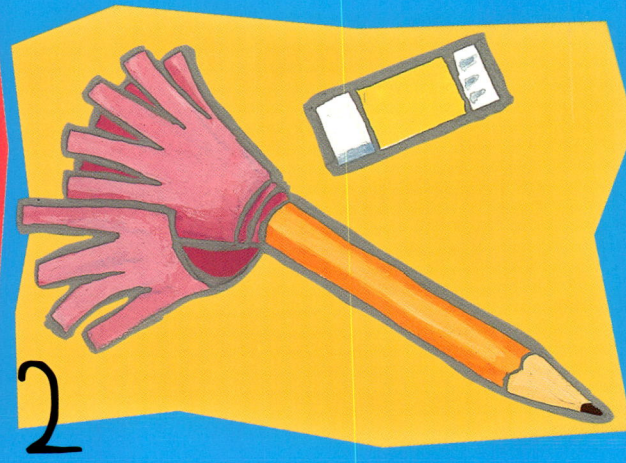

2 Colle la fleur au sommet du crayon en l'enroulant. Serre bien à chaque tour.

3 Colle la petite bande à la base de la fleur en l'enroulant. Colle la grande bande autour du crayon. Serre bien à chaque tour.

4 Reporte le patron de la double feuille sur du papier crépon vert. Découpe la forme. Entortille les feuilles autour de la tige.

Pour ranger tes crayons fleuris, utilise un petit pot de fleur en terre cuite.

Le patron des feuilles se trouve page 122.

Pots à crayons

Matériel • *carton ondulé de différentes couleurs* • *carton* • *rouleaux en carton* • *ciseaux* • *règle* • *crayon* • *perforatrice* • *colle* • *plumes* • *yeux mobiles*

1 Avec l'aide d'un adulte, recoupe les rouleaux à des hauteurs différentes en pensant à ce que tu y rangeras.

2 En veillant au sens des cannelures, découpe des rectangles de carton ondulé de la hauteur des rouleaux et assez longs pour en faire le tour.

3 Colle les rectangles. Ajoute les bandeaux. Décore avec des petites formes ou des ronds découpés à la perforatrice.

4 Découpe les bouches. Colle-les ainsi que les yeux mobiles. Glisse des plumes dans les cannelures du carton.

5 Découpe un cercle en carton de la taille d'une assiette, puis un autre en carton ondulé. Colle-les l'un sur l'autre. Colle les Sioux.

Pour une finition parfaite, colle aussi du carton ondulé à l'intérieur des rouleaux.

105

Tirelires rigolotes

Matériel • 2 rouleaux de scotch d'emballage • carton ondulé de couleur •
• peinture rose ou blanche • pinceau • papier épais rose ou blanc : 6 x 26 cm • cartonnette •
• colle • ciseaux • règle • crayon à papier •

Les patrons se trouvent page 122.

1 Découpe 2 rondelles de cartonnette au diamètre des rouleaux. Sur l'une d'elles, demande à un adulte de découper au cutter une fente de 1 x 4 cm.

2 Colle les rondelles de cartonnette aux rouleaux. Laisse sécher.

3 Peins les 2 parties de la tirelire selon l'animal choisi. Laisse sécher.

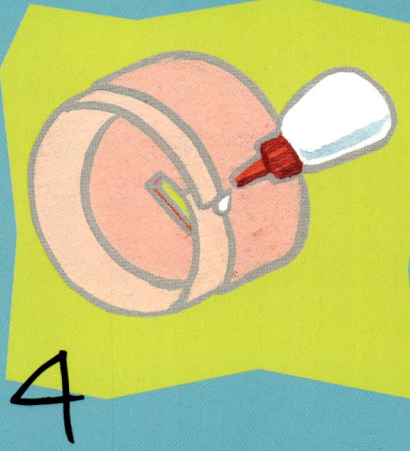

4 En la laissant dépasser, colle la bande de papier à l'intérieur du couvercle.

5 Reporte les patrons des détails au dos du carton ondulé. Découpe-les. Colle le groin (ou les naseaux) sur le couvercle en le laissant dépasser sur le bas. Colle les autres détails.

Chien, chat, lapin... à toi d'inventer d'autres modèles. Sans la fente, ces tirelires se transforment en boîtes pour tout ranger !

Boîtes-fleurs

Matériel • *papier crépon de couleur* • *boîte à fromage* • *peinture (gouache)* • *pinceau* • *ciseaux* • *colle en bâton* •

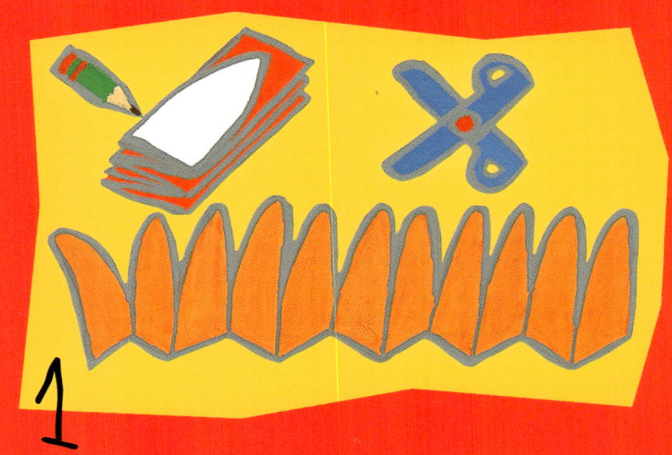

1 Découpe des ribambelles de pétales en t'aidant d'un des patrons (voir page 9).

2 Reporte le contour du couvercle sur du papier crépon. Découpe et colle ce rond sur le couvercle. Colle les pétales sur le bord du couvercle en faisant plusieurs tours.

3 Fabrique des petits rouleaux en enroulant des bandes de papier crépon sur elles-mêmes. Serre bien et colle l'extrémité. Découpe des petits tubes de 1 cm.

4 Colle ces petits tubes sur le cœur de la fleur. Peins le fond de la boîte et laisse sécher avant de poser le couvercle.

Sers-toi de ces boîtes pour offrir des petits cadeaux à ta famille ou à tes amis.

Les patrons des pétales se trouvent page 122.

Voitures à secrets

Matériel • *papier mâché (voir page 11)* • *boîte de mouchoirs* • *scotch* • *aluminium* • *4 boules en polystyrène de 5 cm* • *2 boules de cotillon* • *carton épais* • *brochettes en bois* • *papier fin* • *crayon* • *ciseaux* • *colle* • *peinture* • *pinceaux* •

1 Froisse du papier journal pour former l'habitacle de la voiture. Scotche-le sur la boîte. Fixe 2 boules de cotillon à l'avant pour les phares.

2 Enveloppe l'ensemble dans une grande feuille d'aluminium. Recouvre le dessous et les côtés de 3 couches de papier mâché.

3 Après séchage, enveloppe le dessus et les côtés d'aluminium, puis recouvre-les de 3 couches de papier mâché. Laisse sécher puis démoule.

4 Dessine une étoile ou une fleur autour d'un cercle de 4 cm. Avec ce patron, découpe 4 roues en carton.

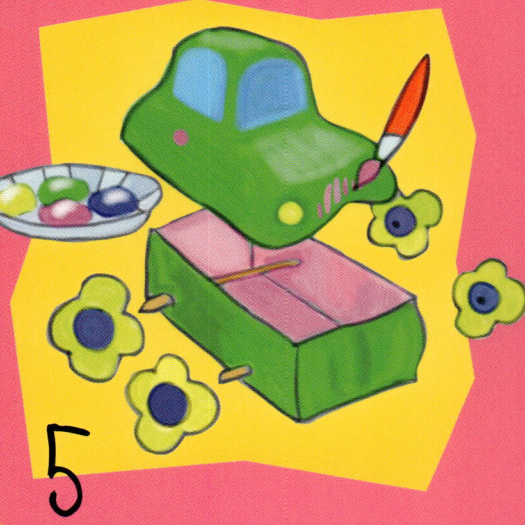

5 Peins la voiture, les roues et les boules en polystyrène. Laisse sécher. Colle les roues sur les boules. À l'aide des brochettes, perce 4 petits trous dans le bas de la boîte. Raccourcis les brochettes, glisse-les dans les trous et enfonce les boules.

Donne un air rigolo à ta voiture en collant un petit ressort en guise d'antenne. Fixe des gommettes ou un motif en carton peint au bout.

Bolides cintrés

Matériel • *papier mâché (voir page 11)* • *cintres de teinturier* • *peinture* •
• *pinceaux* • *crayon* •

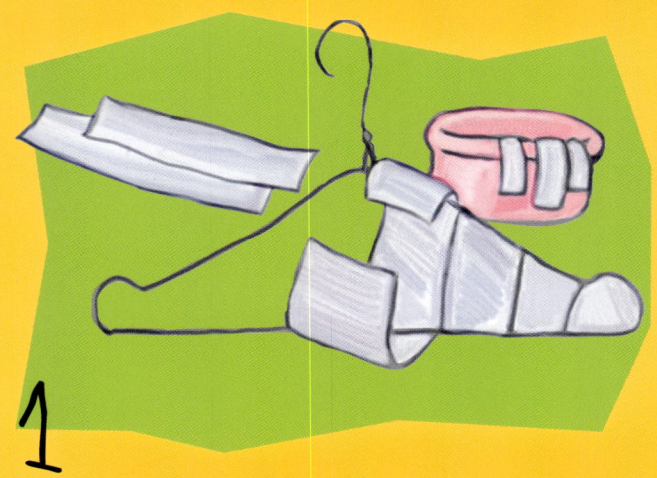

1 Découpe de longues bandes de papier. Encolle-les et enveloppe le cintre. Pose environ 3 couches.

2 Forme les roues avec des grands morceaux de papier mâché. Fixe-les de chaque côté du cintre avec des petits morceaux de papier mâché. Laisse bien sécher.

3 En tenant le cintre par le crochet, peins les 2 côtés de la carrosserie d'une couleur unie. Pose-le à l'envers dans un bocal pour le faire sécher.

4 Au crayon, trace le contour des fenêtres, des jantes, des enjoliveurs, etc. Peins-les. Laisse bien sécher avant de suspendre les vêtements.

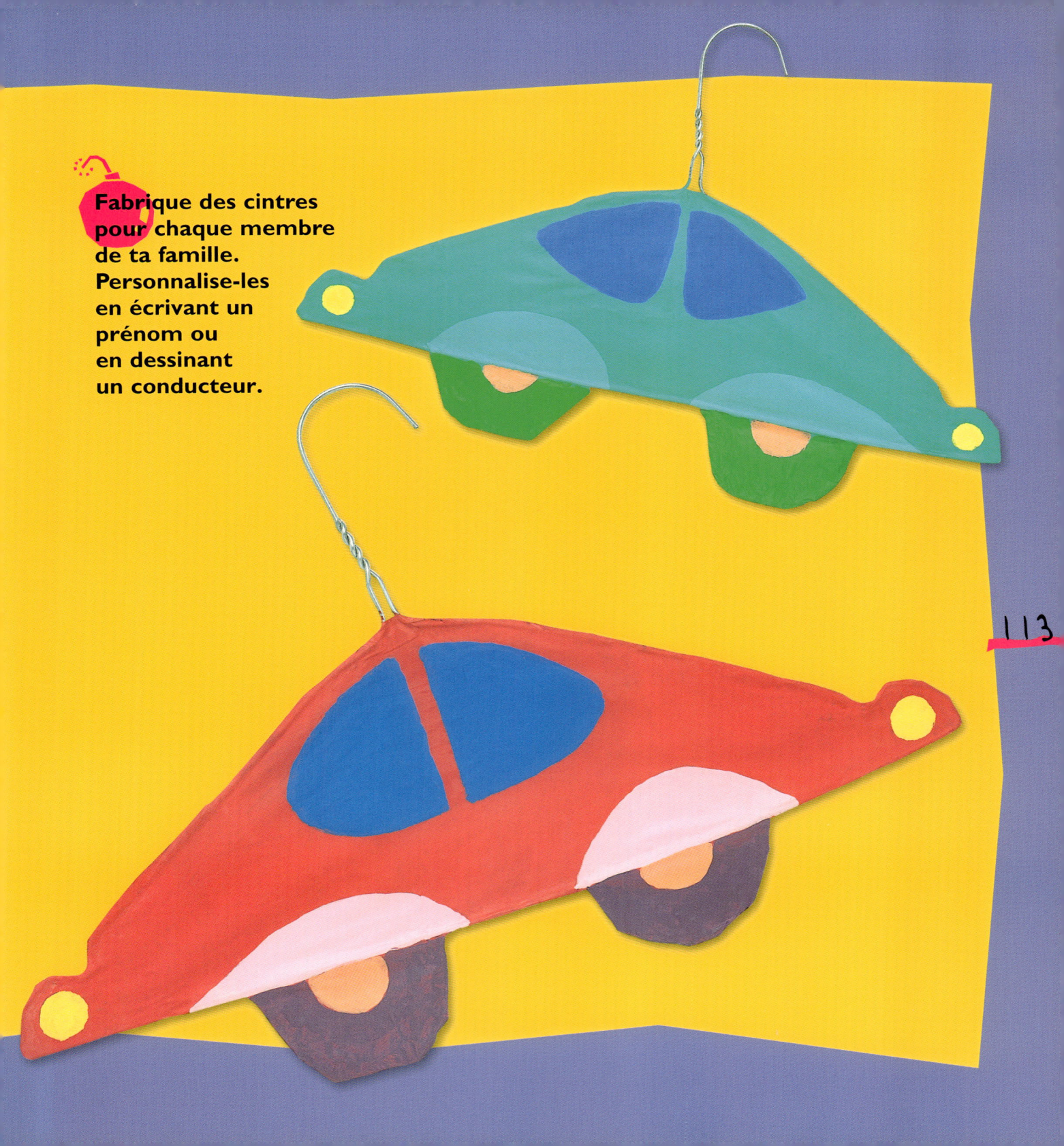

Fabrique des cintres pour chaque membre de ta famille. Personnalise-les en écrivant un prénom ou en dessinant un conducteur.

Ronds de serviette

Matériel • *demi-rouleaux de papier-toilette* • *peinture rose* • *pinceau* • *carton ondulé de couleur* • *ciseaux* • *colle* • *crayon à papier* •

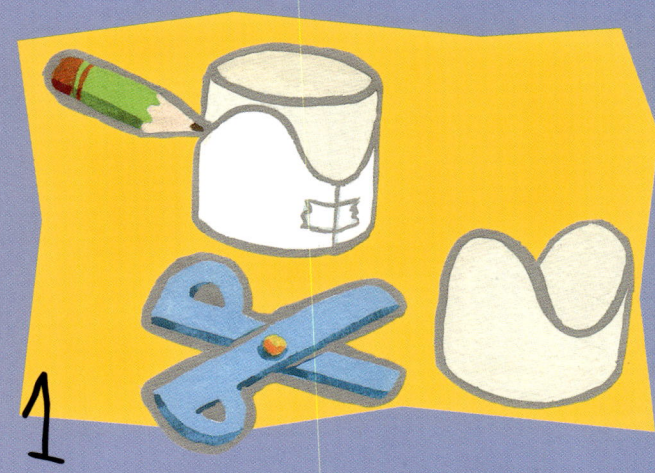

1 Prépare le patron. Reporte-le sur un demi-rouleau. Découpe en suivant les courbes.

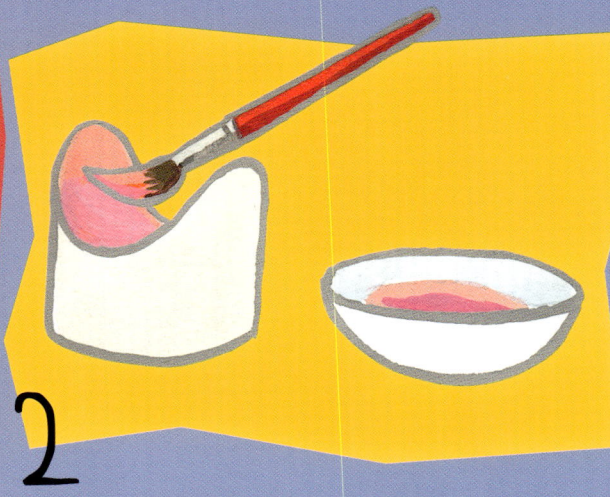

2 Peins l'intérieur du demi-rouleau en rose. Laisse bien sécher.

3 Reporte le patron sans la languette au dos du carton ondulé de la couleur de ton choix. Prépare et reporte aussi les patrons des oreilles, des yeux et du museau.

4 Découpe tous les éléments de carton ondulé. Colle d'abord le grand autour du rouleau, puis les détails. Laisse sécher.

Les patrons se trouvent page 125.

Pour une jolie finition, n'oublie pas de peindre le rebord du demi-rouleau.

Patrons

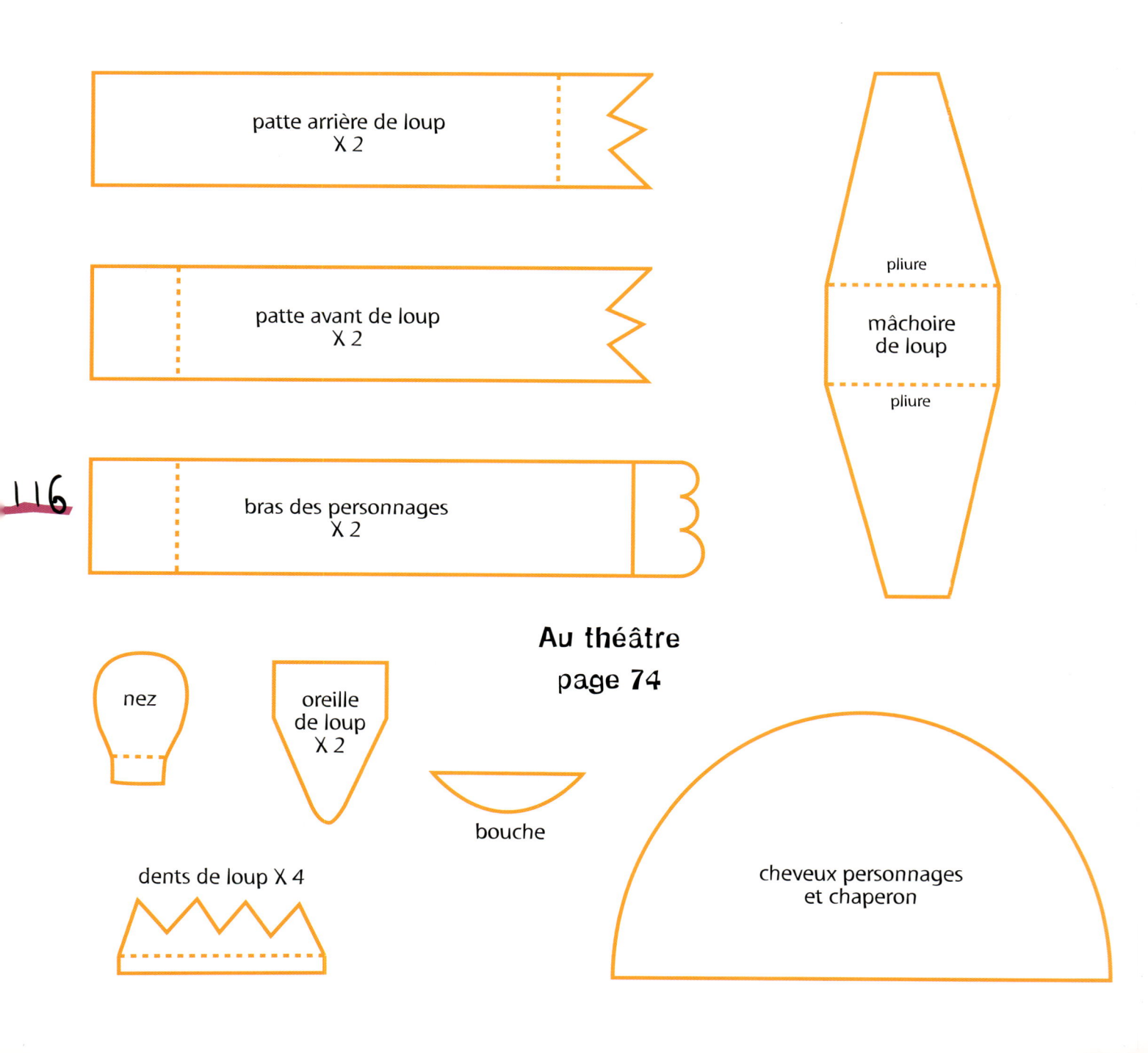

patte arrière de loup
X 2

patte avant de loup
X 2

bras des personnages
X 2

pliure

mâchoire
de loup

pliure

116

nez

oreille
de loup
X 2

bouche

**Au théâtre
page 74**

dents de loup X 4

cheveux personnages
et chaperon

moustaches

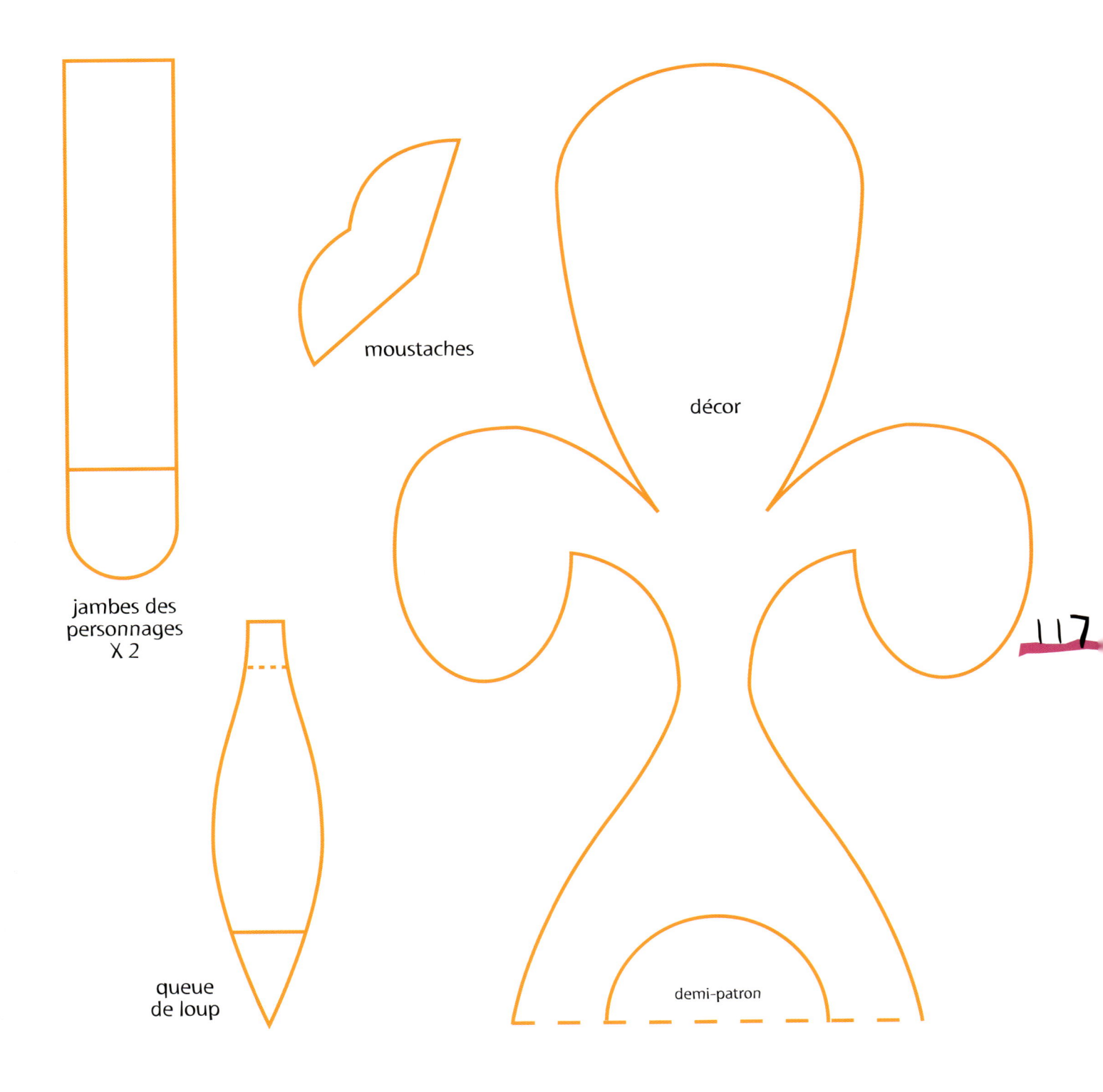

décor

jambes des personnages X 2

queue de loup

demi-patron

117

118

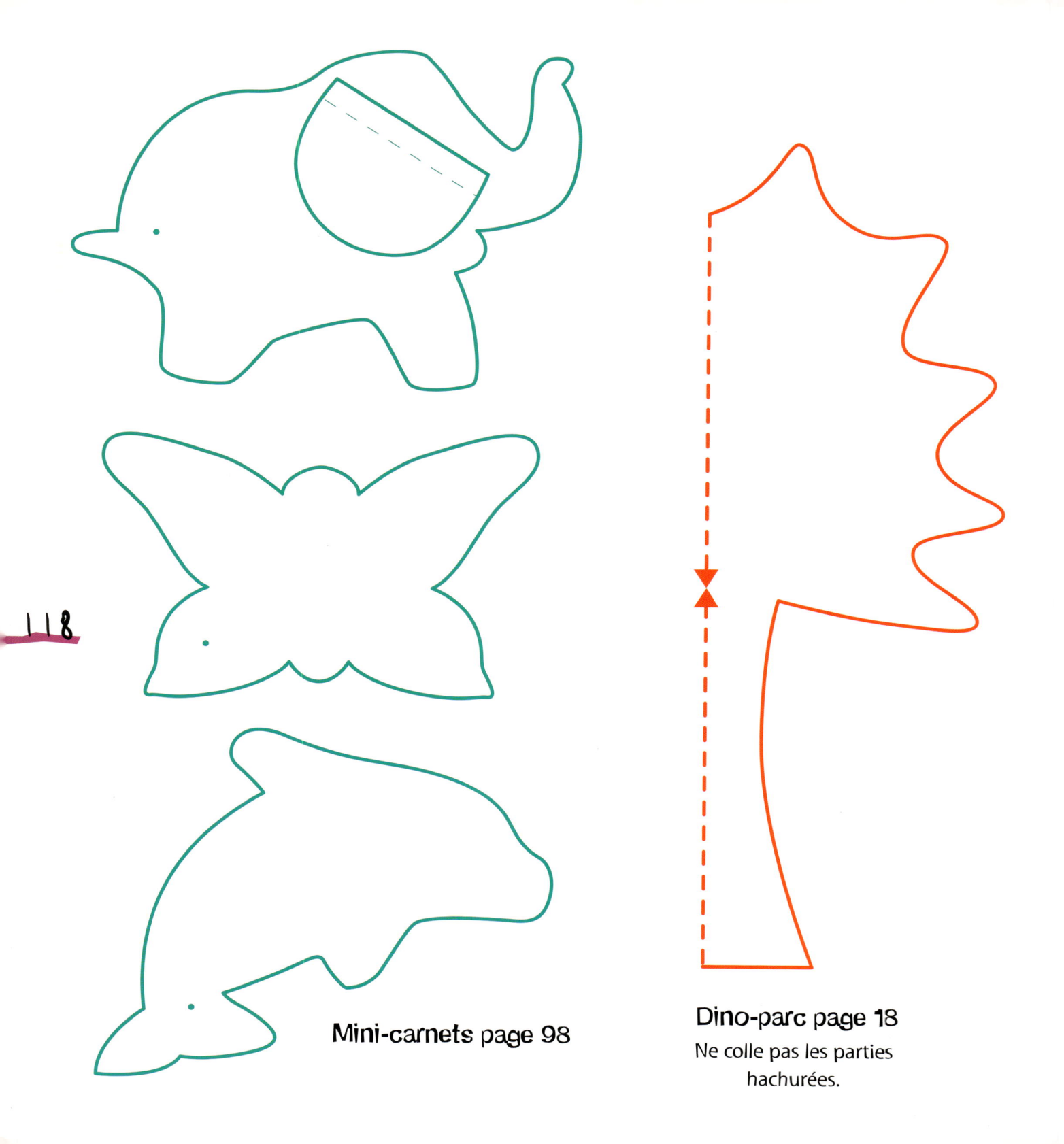

Mini-carnets page 98

Dino-parc page 18
Ne colle pas les parties hachurées.

Dino-parc page 18

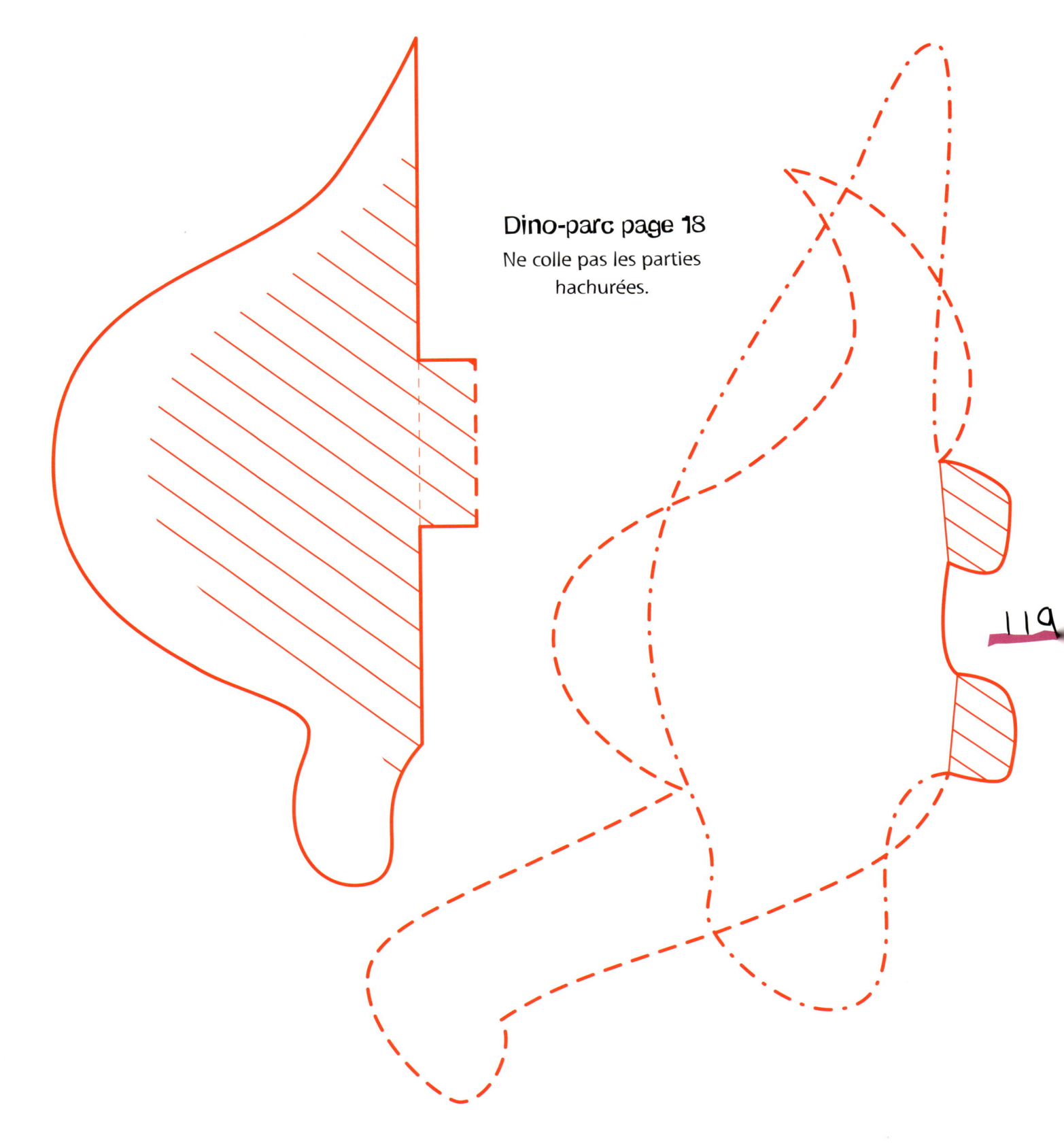

Ne colle pas les parties hachurées.

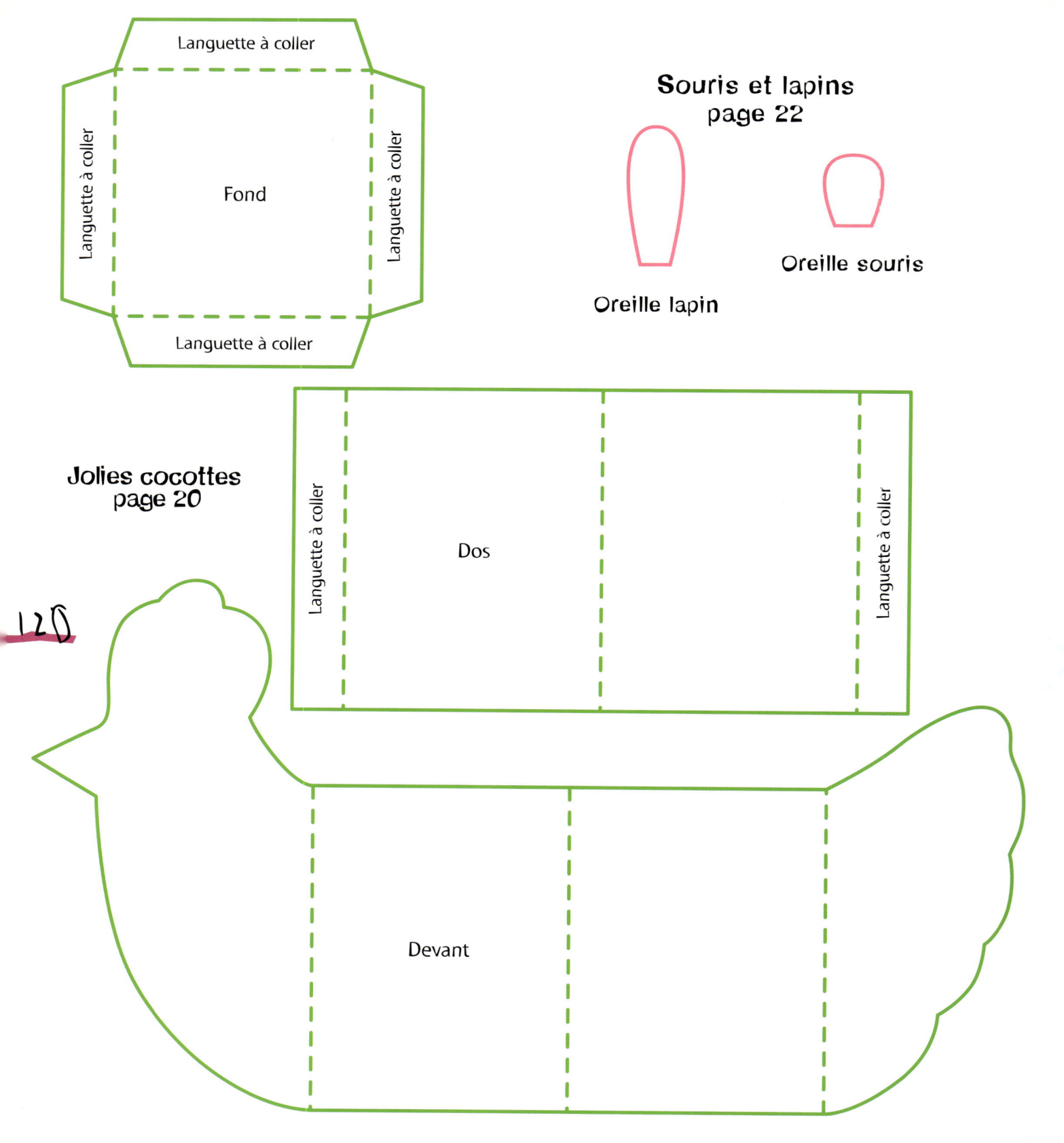

Languette à coller

Languette à coller

Fond

Languette à coller

Languette à coller

Souris et lapins
page 22

Oreille lapin

Oreille souris

Jolies cocottes
page 20

Languette à coller

Dos

Languette à coller

Devant

120

Folles marionnettes page 72

Cartes en fête page 36

121

Crayons-fleuris
page 102

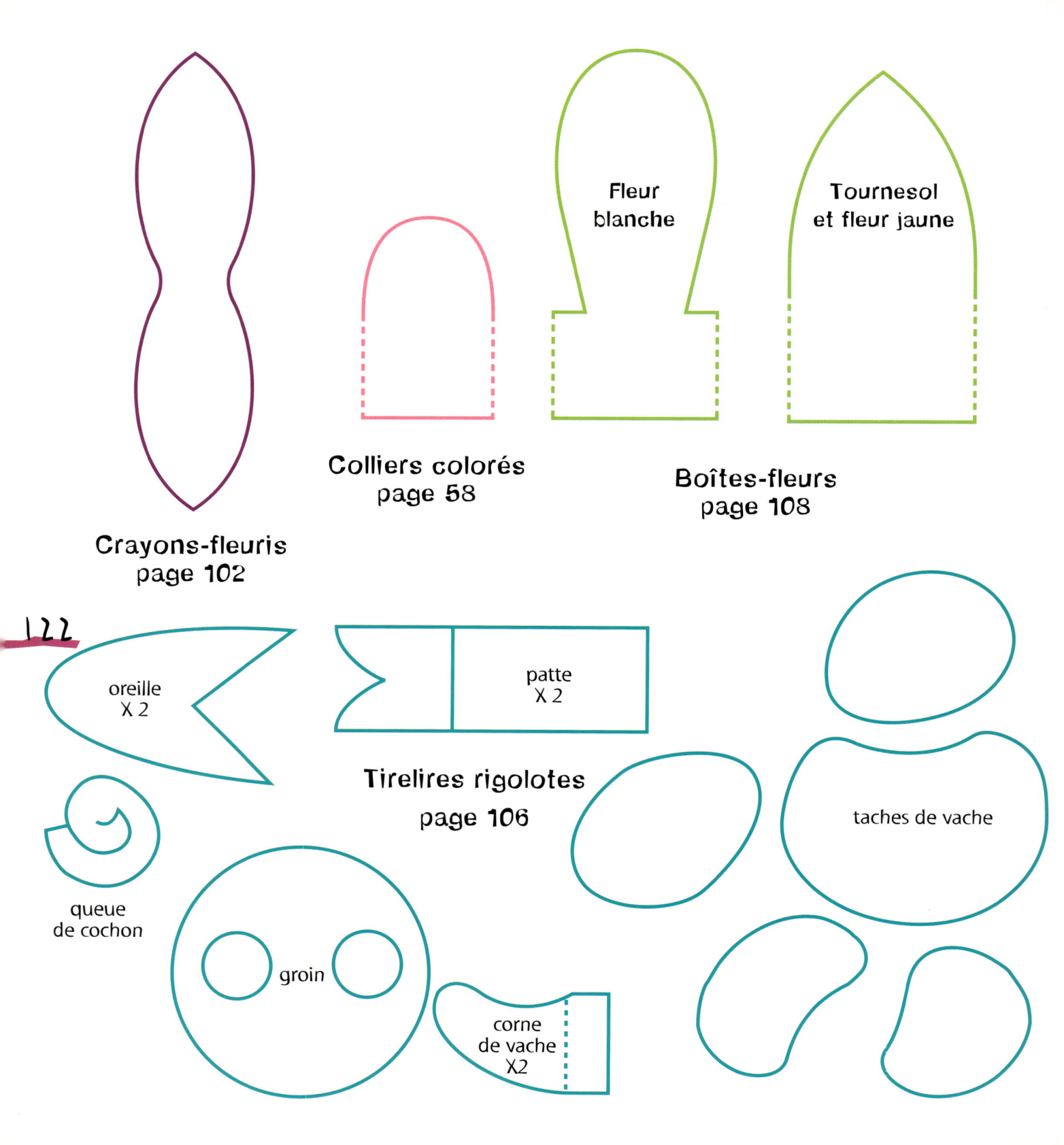

Colliers colorés
page 58

Fleur blanche

Tournesol et fleur jaune

Boîtes-fleurs
page 108

122

oreille
X 2

patte
X 2

Tirelires rigolotes
page 106

queue de cochon

groin

corne de vache
X2

taches de vache

Dragon de feu
page 32

- museau
- barbiche et moustache
- arrière de la tête X2
- pattes
- cornes X2
- crête
- mâchoire
- dent supérieure X2
- dents inférieures X2
- languette
- tête

123

Mille et une nuits
page 82

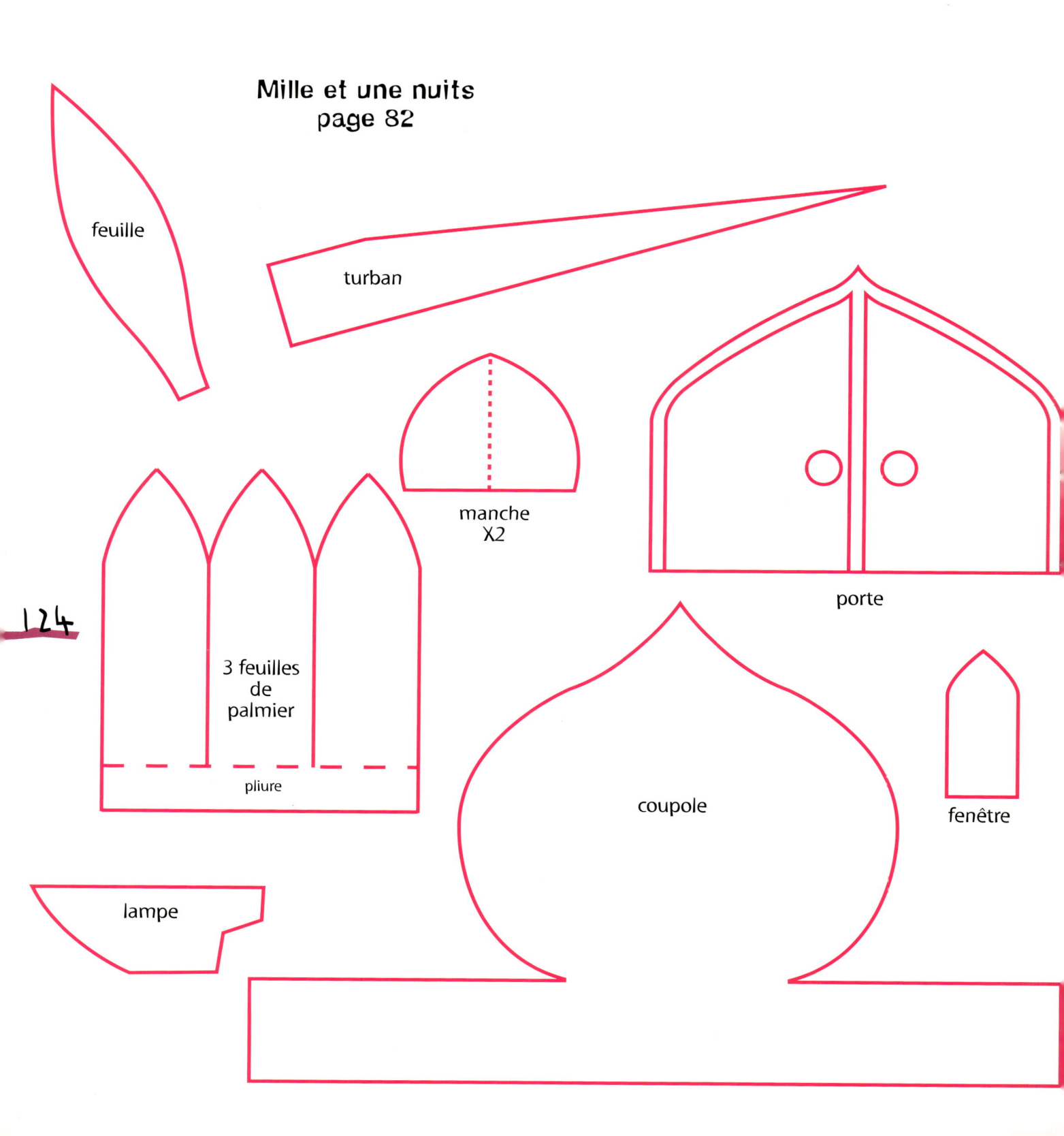

feuille

turban

manche X2

porte

3 feuilles de palmier

pliure

coupole

fenêtre

lampe

124

Jeux d'adresse page 64

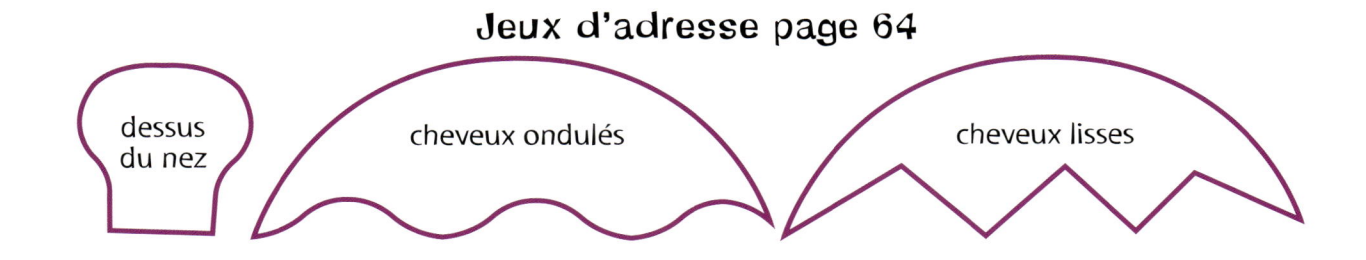

dessus du nez

cheveux ondulés

cheveux lisses

languette

oreille de lapin X 2

Ronds de serviette page 114

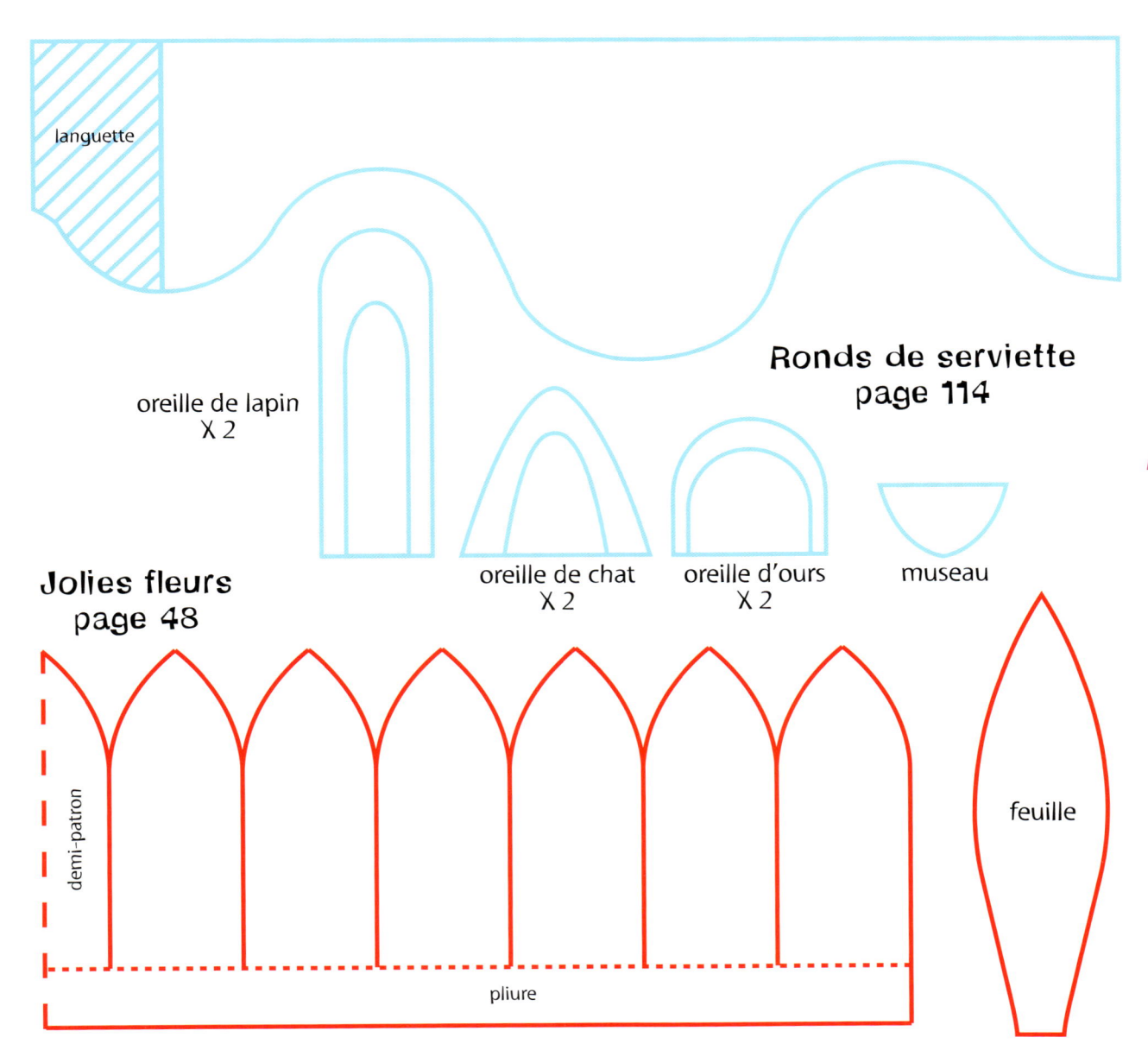

oreille de chat X 2

oreille d'ours X 2

museau

Jolies fleurs page 48

demi-patron

pliure

feuille